COLLECTION DES ÉTUDES GÉNÉRALES GÉOGRAPHIQUES

CARTES COMMERCIALES

PHYSIQUES, POLITIQUES, ADMINISTRATIVES, ROUTIÈRES
ETHNOGRAPHIQUES, MINIÈRES ET AGRICOLES

avec

NOTICE DESCRIPTIVE

COMPRENANT LES RENSEIGNEMENTS LES PLUS RÉCENTS

SUR L'HISTOIRE, LES MŒURS, LES COUTUMES ET LE DÉNOMBREMENT DES POPULATIONS
LES STATISTIQUES COMMERCIALES, LES PRODUITS A IMPORTER, LES INDUSTRIES A CRÉER
LA LÉGISLATION, L'ADMINISTRATION, LES TRIBUNAUX, ETC., ETC.

Par

F. BIANCONI

Ingénieur-géographe
Ancien ingénieur-architecte en chef des chemins de fer ottomans
(AVEC LA COLLABORATION DES PRINCIPAUX VOYAGEURS FRANÇAIS)

Publiées par

LA LIBRAIRIE CHAIX

BULGARIE

ET

ROUMÉLIE ORIENTALE

PAR

F. BIANCONI

Ingénieur-Géographe

Chaque Carte avec texte, prix cartonné: 4 francs.

PRIX POUR LES SOUSCRIPTEURS A UNE SÉRIE ENTIÈRE : 3 FRANCS PAR CARTE

Cette publication a été l'objet de nombreuses souscriptions de la part des **Ministères** :
du Commerce, des **Affaires** étrangères, de l'Instruction publique, de la **Guerre**,
de la Marine, de l'Agriculture, des Travaux Publics, du Sous-Secrétariat d'État des Colonies,
et de plusieurs Chambres de Commerce, pour les Écoles et les Bibliothèques

PARIS

IMPRIMERIE ET LIBRAIRIE CENTRALES DES CHEMINS DE FER
IMPRIMERIE CHAIX
SOCIÉTÉ ANONYME AU CAPITAL DE SIX MILLIONS
Rue Bergère, 20
1887

TEXTE

DE LA

CARTE COMMERCIALE

DE LA

BULGARIE

ET DE LA

ROUMÉLIE ORIENTALE

TABLE DES MATIÈRES

CARTE COMMERCIALE DE LA BULGARIE ET DE LA ROUMÉLIE ORIENTALE
VOIR LA FIN DU VOLUME

AVANT-PROPOS

Les *Cartes commerciales*, dont nous avons entrepris la publication, nous paraissent répondre à un besoin du moment. De toutes parts, en effet, se manifeste la nécessité de développer au dehors les relations de notre commerce. « La France, avec ses trente-six millions d'habitants, écrivait récemment un industriel éminent, ne fournit plus un marché suffisant pour l'industrie française. Celle-ci est beaucoup trop puissamment organisée pour pouvoir se contenter d'un débouché aussi restreint; elle a commencé depuis longtemps à alimenter la consommation des pays étrangers, et beaucoup de nos industries ne vivent guère que d'exportation. Si donc il est admis que nous vendons en France à peu près tout ce que nous pouvons y vendre, il est évident que, pour procurer du travail à nos ouvriers, il faut surtout nous attacher à favoriser l'exportation... Comme l'importance d'une industrie dépend de l'importance de sa production, et que celle-ci se règle sur la vente, il en résulte que la question primordiale est celle des débouchés..... (1). »

Le sentiment de cette situation a provoqué la recherche des moyens propres à étendre nos rapports commerciaux dans des régions jusqu'ici inexploitées. L'énumération serait longue de tout ce qui a été fait, depuis quelques années, soit par le Gouvernement, soit par l'initiative privée, dans le but d'encourager nos négociants dans cette voie; pour leur procurer les renseignements dont ils ont besoin dans leurs opérations d'exportation; pour leur inspirer le goût des voyages et de l'émigration, celui de l'étude des langues vivantes, et la hardiesse de trafiquer directement avec les pays étrangers sans passer par des intermédiaires onéreux, comme le font les autres peuples, notamment les Anglais et les Allemands. Il suffit de rappeler la création, au Ministère du Commerce, du *Moniteur officiel du Commerce*, et d'un Bureau de renseignements ayant dans ses attributions la réunion et l'analyse des publications commerciales et économiques, la traduction des publications étrangères, les avis relatifs aux grandes adjudications en pays étrangers, les missions commerciales, les rapports avec le commerce(1);—l'institution d'une commission chargée de reviser l'organisation et l'attribution de notre corps consulaire, de manière à mettre nos représentants en mesure de rendre de réels services au commerce français (2) ; — la publication, dès 1877, du *Bulletin consulaire*, dont M. le Ministre des Affaires étrangères formulait en ces termes le programme, dans une Circulaire du 15 mars 1883 : « Les travaux destinés à figurer dans le *Bulletin consulaire* pourront embrasser l'étude des questions d'économie politique ayant un intérêt d'actualité, des différentes branches de production dans les pays étrangers, des raisons de la concurrence qu'y rencontrent les produits français, des goûts des consommateurs étrangers, des usages locaux dont la connaissance peut être utile à nos exportateurs, des moyens d'accroître nos débouchés et d'améliorer la condition de nos échanges. Ils comprendront enfin les résultats de toutes les recherches qui, directement ou indirectement, peuvent jeter quelque lumière sur la situation économique, industrielle, financière ou agricole des contrées avec lesquelles nous entretenons, ou sommes appelés à entretenir des rapports commerciaux de quelque importance. »

En dehors de l'action de l'État, on connaît les efforts des Chambres de commerce pour créer à nos produits de nouveaux débouchés ; — la formation, dans les grands centres, de Sociétés de géographie commerciale, d'Associations pour encourager la colonisation et les entreprises d'exportation, d'Écoles pour l'enseignement des langues étrangères ; — les vœux émis pour que

---

(1) M. Thierry Mieg : *la Crise commerciale et ses remèdes.*

(1) Arrêté ministériel du 23 avril 1883.
(2) *Ibidem.*

des faveurs spéciales soient accordées aux jeunes gens qui prendraient l'engagement de se fixer comme commerçants dans certains pays d'outre-mer. Peut-être l'exemple de ce qui se passe au dehors a-t-il contribué à nous ouvrir les yeux sur la nécessité de remédier, par de tels moyens, aux causes de l'infériorité actuelle de notre commerce extérieur. Dès 1853, en effet, se fondait à Stuttgard une Société de commerce wurtembergeoise, dans le but de favoriser l'écoulement des produits nationaux au delà des frontières. En 1881, on créait dans la même ville une agence générale d'exportation et un dépôt permanent des productions de l'industrie indigène. La Société centrale de géographie commerciale de Berlin, instituée en 1878, et qui compte plus de trois mille membres, se consacre à l'étude des questions d'exportation, d'émigration et de politique coloniale ; elle publie les communications que lui envoient ses correspondants, au moyen de deux organes : *les Nouvelles géographiques* et le journal *l'Exportation*. Une autre Société berlinoise, se proposant le même objet, fonctionne depuis 1881. En Autriche-Hongrie, une association analogue s'est créée en 1871. En Belgique, comme en Allemagne, tout jeune homme muni d'un brevet de capacité obtient l'exemption du service militaire, s'il émigre hors de l'Europe, etc.

Le succès du mouvement si prononcé que l'on peut constater en France dans le sens de l'extension des relations commerciales est évidemment subordonné à une notion exacte de la géographie économique des contrées d'outre-mer. Ce serait, pour un négociant, courir au-devant de mécomptes certains que de s'aventurer dans des opérations avec un pays dont il ne connaîtrait pas suffisamment les ressources naturelles, les besoins et les habitudes. Nous avons donc pensé qu'une collection de Cartes des régions d'Orient, d'extrême Orient, d'Afrique et d'Amérique dans lesquelles le commerce français doit chercher désormais à s'implanter, pourrait rendre d'utiles services à nos nationaux en leur fournissant des indications à la fois sûres et précises, concernant les productions industrielles et agricoles de ces contrées ; leurs centres commerciaux ; les produits qu'il y aurait utilité à y exporter ; les industries que l'on pourrait y créer ; les mœurs et les coutumes des populations ; la législation ; l'administration, etc. Tel est l'objet de la publication que nous entreprenons aujourd'hui, et dont les éléments, consignés sur les cartes mêmes ou dans un texte complémentaire, ont été recueillis sur place par M. l'ingénieur Bianconi, l'un de nos principaux voyageurs, qui a consacré douze années à parcourir les contrées orientales.

M. le Ministre du Commerce, M. le Ministre des Affaires étrangères, M. le Ministre de l'Instruction publique, M. le Ministre de la Guerre, M. le Ministre de la Marine, M. le sous-secrétaire d'État des Colonies reconnaissant l'utilité que les *Cartes commerciales* offriront aux Écoles et aux négociants, ont bien voulu encourager cette publication par des souscriptions officielles. Les principales Chambres de commerce nous ont également témoigné l'intérêt qu'elles prennent à notre entreprise.

Placées ainsi sous les plus hauts patronages, les *Cartes commerciales*, qui sont une innovation en France, seront, espérons-nous, bien accueillies du public auquel elles sont destinées, et nous ferons tous nos efforts pour que cette collection puisse prendre rang parmi les documents utiles au Commerce d'importation et d'exportation de notre pays.

A. CHAIX.

Voir au dos de la couverture la nomenclature des CARTES COMMERCIALES
en préparation.

Nous recevrons avec un vif intérêt toute communication ayant pour objet le perfectionnement de nos Cartes, ainsi que les renseignements destinés à en répandre l'usage dans les Écoles, dans les Cercles commerciaux, et chez les négociants. Adresser les communications ayant un caractère économique ou géographique à M. F. BIANCONI, ingénieur, rue Bergère, 20, Paris, à la Librairie Chaix.

BULGARIE

I

COUP D'ŒIL HISTORIQUE

Les Bulgares sont d'origine finno-ouralienne et parlent un des dialectes slaves. L'ancien bulgare est l'ancien slavon dans lequel furent traduits au neuvième siècle les livres saints de l'Ancien et du Nouveau Testament, livres qui sont encore aujourd'hui en usage dans toutes les églises slaves du culte orthodoxe grec.

Les Bulgares s'établirent dans le pays qu'ils habitent aujourd'hui (Mœsie et Thrace) pendant les cinquième et sixième siècles. C'étaient alors des hordes sauvages qui ravageaient tout sur leur passage. Les premiers *Krals* ou rois bulgares sortirent de la dynastie d'Asparouch et eurent pour objectif Constantinople qu'ils menacèrent et assiégèrent plusieurs fois, mais dont ils ne purent jamais s'emparer.

Kroum, chef d'une autre dynastie, guerrier infatigable s'empara de Sofia vers l'an 800 et se dirigea ensuite sur Constantinople. L'empereur Nicéphore, au lieu d'aller à sa rencontre, marcha avec l'armée byzantine sur Preslav la capitale de l'empire bulgare. Kroum retourna sur ses pas et lui livra bataille aux environs de Schoumla; Nicéphore fut vaincu et tué dans ce combat.

Boris, petit-fils de Kroum, prit le premier le titre de Tzar des Bulgares et embrassa le christianisme qui avait pour principaux apôtres saint Cyrille et saint Méthodius qui sont aussi les inventeurs de l'alphabet slave. Ces deux saints, des plus honorés du calendrier des Slaves du sud, étaient frères et originaires de Salonique.

La conversion des Bulgares au christianisme donna lieu à de longues disputes entre le pape Nicolas en l'an 867 et l'Eglise de Constantinople, notamment sous le patriarcat de Photius. Les Bulgares restèrent finalement, par la faute des papes, attachés au culte oriental grec.

Siméon, fils de Boris, fut le plus grand roi bulgare; il fit confirmer son titre de tzar par le pape Formose et donna un grand essor à la littérature bulgare naissante. Sa puissance s'étendit sur toute la presqu'ile des Balkans; il prit plus tard le titre de Tzar des Valaques et celui de Despote des Grecs. Les historiens bulgares appelent ce règne, l'âge d'or de la nation.

Le tzar Pierre (Petko ou Petrov) se maria avec une princesse de la famille de l'empereur de Constantinople, il subit son ascendant et ne tarda pas à perdre toute son autorité. Nicéphore Phocas s'affranchit du tribut que l'Empire payait aux Bulgares et fit alliance avec Sviatoslav de Russie, Varègue de Kiew. Celui-ci se rendit immédiatement avec ses troupes sur les bords du Danube ravageant tout et s'empara de Preslav où il prétendit s'établir définitivement. L'empereur Zimiscès, qui avait succédé à Nicéphore, fit alliance avec Sviastoslav, mais, aussitôt qu'il eut vaincu les Bulgares, avec le concours du Varègue russe, il rompit l'alliance, l'assiégea devant Silistrie et le contraignit à repasser le Danube.

Un autre grand roi fut Samuel Chichman qui s'empara du trône après avoir fait crever les yeux à son père. Il se mit aussitôt en campagne et porta ses armes victorieuses dans tout le pays compris entre le Danube et la mer Egée; fit de la ville d'Ochrida, située sur le lac de ce nom et à l'ouest de la Macédoine, sa capitale et le siège du patriarcat bulgare (976-1014).

Les successeurs de Samuel furent faibles et laissèrent disloquer le royaume bulgare qu'attaquait avec persistance l'empereur Basile qu'il finit par soumettre et fit des rois bulgares ses vassaux.

Quand les dissensions entre les Comnènes amenèrent l'affaiblissement de Byzance (1180), les deux frères Asen levèrent l'étendard de la révolte, et l'ainé Joanice fut couronné tzar des Bulgares (1186).

Joanice ayant été assassiné, Pierre son frère lui succéda, mais il eut le même sort après un an de règne. Un troisième frère, Kaloian dit le Cruel, succéda à Pierre et régna dix ans (1197-1207).

Quoique animé contre les Grecs d'une haine terrible il les secourut lorsque l'empereur latin Beauduin eut refusé l'alliance qu'il lui offrait. L'armée des Latins qui marchait contre le tzar bulgare fut écrasée à Andrinople (1205). Un grand nombre de chevaliers restèrent sur le champ de bataille et Beauduin fut fait prisonnier. Conduit à Tirnova il fut, après une année de captivité et par ordre de Kaloian, précipité du haut d'un rocher et son corps abandonné aux vautours.

La Thrace tomba aux mains de Kaloian; il ruina Philippopoli, assiégea Thessalonique et mourut assassiné. Son neveu, Joanice II, fils du restaurateur de l'Empire, détrôna l'usurpateur Boris auquel il fit crever les yeux et monta sur le trône.

Joanice Asen II est, après Siméon, considéré par les Bulgares comme leur plus grand roi. Il étendit son pouvoir de la mer Noire à l'Adriatique et embellit plusieurs villes, entre autres Tirnova qu'il fit sa capitale. Il s'allia, en donnant ses filles en mariage : avec le roi Vladislas de Serbie, avec l'empereur Manuel de Thessalonique et avec Théodore Lascaris, prince de Nicée et héritier du trône impérial.

Malheureusement ses successeurs laissèrent tomber entre les mains des Byzantins les conquêtes qu'il avait faites.

A partir de cette époque le royaume bulgare eut beaucoup de vicissitudes. Plusieurs compétiteurs se disputèrent le pouvoir au lieu de s'unir contre les Serbes qui devenaient puissants et contre les hordes tartares qui envahirent le pays à plusieurs reprises, sous la conduite de Nogaï-Khan et de Tchéky son fils. Celui-ci qui avait épousé une princesse bulgare se prévalut de ce titre pour monter sur le trône des Siméon et des Joanice; au moment de réussir il fut étranglé par son beau-frère Théodore Tertery de la famille des Chichmanides (1300). Théodore monta sur le trône et régna longtemps en paix.

Les successeurs de Théodore ne purent résister à la puissance des Krals serbes qui venait d'être fortement établie par Etienne Ourosch. Celui-ci fit des princes bulgares ses vassaux et les entraîna à sa suite dans ses guerres contre les Magyars et les Empereurs de Constantinople.

Douchan, le plus grand empereur serbe, fils d'Étienne Ourosch, rallia autour de lui tous les Slaves des Balkans; il entreprit de refouler les Turcs qui venaient de s'emparer de Brousse en Asie-Mineure et commençaient à devenir inquiétants et de détruire en même temps la puissance des Paléologues. Il fut heureux dans toutes les guerres qu'il a entreprises et les rois bulgares furent ses alliés en même temps que ses vassaux. C'étaient Dobrotisch qui régnait à Preslav; Jovan Chichman qui résidait à Tirnova et Jovan Strazimir qui avait fait de Widine sa capitale.

A la mort de Douchan, qui aurait pu seul s'opposer à la marche envahissante des Turcs, le trône serbe fut occupé par Ourosch V, jeune homme de vingt ans à peine qui ne put gouverner l'immense empire fondé par son père. Les rois bulgares en profitèrent pour se soustraire au tribut que leur avait imposé Douchan.

Mais pendant ce temps Mourad Ier, fils et successeur d'Orkhan, à la tête de ses Ottomans, venait de s'emparer de la ville d'Andrinople et quelque temps après, de celle de Philippopoli. Alors aussi, Voukaschine, puissant voïvode serbe, venait de détrôner le faible Ourosch.

Mourad, à la faveur des divisions des Serbes et des Bulgares, poursuivait ses conquêtes. Il s'empara de la plus grande partie des territoires possédés par Chichman et celui-ci, pour sauver ce qui lui restait de son royaume, s'empressa de se déclarer vassal du terrible sultan (1388).

Quelques années auparavant, le roi de Hongrie, Louis d'Anjou venait de s'emparer de Widine et avait fait le roi Strazimir prisonnier. Le sultan Mourad marchait toujours à la tête de ses Ottomans et le 15 juin 1389 il se trouvait dans la plaine de Kossovo (champ des Merles) en face des troupes commandées par Lazare Gréblianovitch qui venait d'être proclamé *knez* ou roi de Serbie après la mort de Voukaschine. L'armée du roi chrétien était composée de Serbes, de Bosniaques, de Bulgares, de Croates, d'Albanais et de Roumains. Dans cette bataille devait se jouer le sort de tous les peuples chrétiens de la Péninsule des Balkans. Elle fut perdue pour eux. Le roi Lazare fut tué; presque tous les chefs chrétiens périrent également ou furent faits prisonniers. Un de ces derniers, voïvode serbe nommé Milosch Kobilovitch, s'approcha après le combat du sultan Mourad et lui dit qu'il veut lui révéler un secret très important. Le sultan l'écoute, mais le voïvode sort précipitamment un poignard et le lui plonge dans le cœur.

Tchélibi, fils de Bayézid, assiégea, en 1395, Tirnova et s'en empara; c'était le dernier refuge de la liberté bulgare.

Pendant près de cinq siècles, les malheureux Bulgares, qui ne se convertirent pas à l'islamisme, menèrent une vie misérable. Désignés sous le nom de *raïas*, ils furent accablés de mauvais traitements par les Turcs.

En 1828-1829, lorsque la Russie pénétra dans les Balkans, les Bulgares purent croire que leur situation allait changer. La paix d'Andrinople vint les désabuser. En 1837, 1838, 1840 plusieurs tentatives furent faites par les Bulgares, mais réprimées de la façon la plus cruelle. Après la guerre de Crimée, la France et l'Angleterre insistèrent auprès de la Porte, pour obtenir que la situation faite aux raïas fut améliorée. Le 9 janvier 1856 un *hatt-houmayoum* (décret) du sultan, assura aux populations de l'Empire l'égalité politique. Ce *hatt* resta comme les autres sans résultat.

En 1867 et en 1868 des tentatives de soulèvement se produisirent sur les bords du Danube et dans les Balkans, mais ils furent réprimés avec une sauvage énergie par Midhat-Pacha, alors gouverneur du vilayet du Danube.

Le soulèvement de l'Herzégovine, en 1875, vint ranimer les espérances des patriotes bulgares ; leur indépendance allait-elle enfin sortir de ce mouvement auquel ils entendaient prendre une part active ? Les comités révolutionnaires bulgares donnèrent le signal de la révolte. Elle s'étendit rapidement, mais la répression fut terrible ; des massacres de femmes et d'enfants, des incendies de villages entiers, eurent lieu, notamment dans la partie occidentale de la Roumélie. La Porte avait envoyé ses bachi-bozouks (têtes fêlées), qui se chargèrent de cette sauvage besogne. Des trophées sanglants de têtes coupées, pendant aux arçons des selles, ou mises au bout des lances des cavaliers, étaient promenées à Sofia. Le vice-consul de France, actuellement à Jaffa, M. Legay, protesta énergiquement contre ces sauvages exhibitions, et obtint qu'elles ne se renouvelleraient plus. C'est en ce moment que Dragan Zankoff et Marco Balabanoff, les deux hommes les plus marquants de la nation bulgare, furent délégués par l'Exarcat bulgare, pour exposer aux cabinets de l'Europe la triste situation de la Bulgarie.

En 1877, la Russie déclara la guerre à la Turquie. Celle-ci assaillie par les Monténégrins et les Serbes, et par la Russie sur le Danube et en Asie, ne put résister. Malgré la vaillance de ses soldats, l'héroïque défense de Plevna, elle fut battue et contrainte de signer le traité de San-Stéfano. Par ce traité, une Bulgarie presque aussi grande que celle des Asen était reconstituée ; mais les Puissances ne permirent pas qu'on démembrât ainsi la Turquie sans leur assentiment. Une conférence fut tenue à Berlin, d'où sortit ce fameux traité boiteux, qu'on a si mal observé depuis. Par ce nouvel arrangement, l'ancien vilayet du Danube, moins la Dobroutcha donnée aux Roumains, et le district de Charkeuy (Pirot) donné aux Serbes, formait la Bulgarie avec un prince tributaire de la Turquie. La portion du Sud sous le nom de Roumélie Orientale, avec Philippopoli pour capitale, formait une province privilégiée, gouvernée par un prince chrétien, nommé par la Porte, et accepté par les Puissances. Ces deux provinces devaient prendre leur part de la dette turque. Jusqu'ici la Bulgarie n'a pas payé sa quote-part, qui du reste n'a jamais été définitivement fixée. La part contributive de la Roumélie Orientale, de 100,000 livres turques, soit 2,300,000 francs, a été abaissée ensuite à 1,840,000 francs.

D'après le traité de Berlin, une grande Assemblée nationale se réunit à Tirnova à l'effet d'élaborer une Constitution et de proclamer le souverain. Elle eut lieu au mois de février 1879. La Constitution fut élaborée et le prince Alexandre de Battemberg proclamé prince de Bulgarie.

Le premier ministère bulgare fut composé par décret du 5 juillet suivant. Le 27 avril de l'année 1881, le prince Alexandre qui se plaignait de ne pouvoir gouverner avec une Constitution imparfaite et trop libérale. proclama l'état de siège et gouverna militairement. Les conséquences furent mauvaises et le prince dut revenir plus tard sur ce qu'il avait fait.

Au mois de novembre de l'année 1885, à la suite d'une insurrection qui venait d'éclater à Philippopoli, le renversement du pacha gouverneur de cette province M. Cristovitch et de la proclamation qui déclarait, unies, la Bulgarie et la Roumélie, le roi de Serbie déclara la guerre à la Bulgarie et mit aussitôt ses troupes en campagne. Celles-ci avancèrent sans rencontrer grande résistance du côté de Dragoman et de Radomir. Les troupes rouméliotes étant venues, à marches forcées, se joindre aux troupes bulgares que le prince Alexandre concentrait à la hâte à Sofia se rendirent ensemble à Slivnitza pour s'opposer à la marche des Serbes. Après un combat acharné les Serbes se virent contraints de battre en retraite jusqu'à Pirot. Les Bulgares les poursuivirent jusque-là, mais les puissances, l'Autriche principalement, intervinrent en ce moment et obligèrent les belligérants à conclure la paix qui fut signée à Bukarest.

Après la guerre, les puissances signataires du traité de Berlin s'occupèrent de la situation faite à la Roumélie par les derniers événements. Il fut convenu que la Roumélie serait gouvernée par le prince Alexandre, mais que l'union serait personnelle. L'union de la Bulgarie et de la Roumélie était cependant accomplie de fait, car à partir de cette époque l'administration de la Roumélie fut concentrée à Sofia, capitale de la Bulgarie, et tout se passait comme si les deux pays n'en formaient qu'un.

Le 1er février 1886 (26 Rebi-ul-Akhir) eut lieu un arrangement entre la Porte et la Bulgarie au sujet de la Roumélie. Pour prix de son union avec la Bulgarie, le gouvernement de ce pays cédait à la Turquie les deux territoires de Rouptchos et de Kerdjali, situés tous deux au sud de la Roumélie, dans les montagnes du Rhodope, et habités en grande partie par des *Pomaks* ou bulgares musulmans (1).

Dans la nuit du 20 au 21 août 1886, une révolution militaire, mais dans laquelle furent impliqués des hommes d'Etat bulgares, renversa du trône le prince Alexandre. Celui-ci dut signer son abdication et quitter le territoire sous escorte militaire. Pendant ce temps une contre-révolution se préparait par les soins de M. Stambouloff, président de la Chambre (Sobranié), qui était à Tirnova. Elle eut le dessus et M. Stambouloff. aussitôt qu'il eut pris le pouvoir, sollicita le retour du prince Alexandre. Celui-ci revint dans ses

____

(1) Voir notre carte.

Etats, mais pour abdiquer volontairement et s'en retourner près de son père dans le duché de Hesse.

Une régence composée de trois membres, MM. Stambouloff, Moutkouroff et Karaveloff, fut constituée le 7 septembre; elle a gouverné jusqu'à la réunion de la grande *Sobranié* à Tirnova. Celle-ci, qui avait été convoquée pour élire un nouveau prince, désigna le prince Waldemar de Danemark. Mais ce prince, qui se trouvait à Nice lors de son élection, refusa la couronne.

Après cet insuccès, la Chambre, ne se sentant pas appuyée par la majeure partie des puissances, menacée d'autre part par le général Kaulbars, envoyé spécial de l'empereur de Russie, qui ne voulut pas lui reconnaître un caractère légal, se sépara sans avoir rien fait autre chose que prolonger les pouvoirs des régents MM. Stambouloff et Moutkouroff, et nommer M. Givkof en remplacement de M. Karaveloff démissionnaire.

Quelque temps après, le général Kaulbars, après avoir parcouru la Bulgarie et la Roumélie, se rendit en Russie pour exposer la situation à l'empereur. En même temps que lui, les consuls russes quittèrent le territoire bulgare.

La Russie ayant désigné le prince de Mingrélie pour succéder au prince de Battemberg, la régence a fait tout son possible pour discréditer et rendre impopulaire cette candidature. En même temps elle déléguait auprès des gouvernements d'Europe MM. Grekoff, Stoïloff et Kirscheff pour présenter les doléances du gouvernement bulgare.

Les choses en sont là au moment où nous écrivons ces lignes.

Les Bulgares et les Juifs pendant la guerre russo-turque de 1877-78. — Nous avons fait connaître, plus haut, les origines de la guerre entreprise par la Russie contre la Turquie en 1877; nous croyons cependant, vu l'intérêt exceptionnel que présente la question bulgare et la place que celle-ci a prise dans la politique générale de l'Europe, devoir donner quelques détails sur l'attitude des Bulgares pendant la guerre entreprise en faveur de leur émancipation, et en même temps faire connaître l'attitude des Israélites habitant la Bulgarie dans les mêmes circonstances.

Nous avons, dans les notices qui accompagnent nos cartes commerciales de la *Macédoine*, de l'*Albanie et Epire* et de *la Thrace*, eu occasion de parler des Juifs qui habitent ces pays et comme, chacun a pu le remarquer, nous n'avons en vue, dans nos *Cartes commerciales*, que l'intérêt de la vérité et du commerce français, nous n'avons pas hésité à critiquer très vivement les Israélites dans leurs rapports avec les agriculteurs et les bergers indigènes pour leurs pratiques usuraires. Mais nous ne serions plus impartial si, après avoir mis en évidence les défauts des Juifs de l'Orient, nous ne faisions pas connaître, tout au moins, quelques faits qui sont à leur avantage. Ces faits, nous les trouvons dans l'épisode de la guerre russo-turque que nous allons faire connaître et qui n'ont jamais été portés à la connaissance du public européen.

L'intervention de la Russie en faveur des Bulgares fut motivée par la trop vive répression des Turcs contre les chrétiens raïas signalés à tort ou à raison comme *comitadjis* ou révolutionnaires. On connaît les massacres, les empalements, les incendies qui eurent lieu à Panaghiouriste, à Avrat-Alan, à Kazanlik, à Sofia, à Schoumla, à Tirnova, à Slivino, à Yamboli, à Bebrova, à Batak, etc. Les bachi-bozouks et les Tcherkess, excités par les imams et hodjas turcs, s'étaient jetés sur les villes et villages signalés comme centre insurrectionnel et y assouvissaient leurs instincts sanguinaires et pillards. La population bulgare attendait dans les angoisses l'arrivée des Russes, leurs frères; ceux-ci vinrent enfin et toute la population bulgare, en deçà et au delà des Balkans, reçut avec des transports d'allégresse l'avant-garde russe qui avait, en quelques jours, hardiment franchi les Balkans par le col de Schipka et s'était arrêté à Kazanlik, dans la vallée de la Toundja (Roumélie).

Des représailles de la part des Bulgares s'exercèrent aussitôt; les cinq à six mille d'entre eux incorporés dans l'armée russe sous le nom de Légion bulgare et qui avaient tenu à former l'avant-garde de la colonne, unis à la population valide du pays, saccagèrent les maisons des Turcs et dispersèrent leurs harems. Forcées par les soldats de Suleyman-Pacha de battre en retraite, les troupes *russes* repassèrent le col de Schipka, laissant à la merci des Turcs les habitants du territoire de Kazanlik qui venaient à peine d'assouvir leur vengeance. Mais celle des Turcs fut cruelle et la terreur se répandit partout; ceux qui ne purent fuir dans les montagnes ou se cacher dans les forêts furent massacrés par les musulmans furieux.

Les Russes, revenant une deuxième fois à la charge, purent s'emparer une autre fois de la passe de Schipka, mais après des combats sanglants. C'est alors que, pour couper la retraite aux Turcs qui se retiraient du côté de la Macédoine, le général Gourko, avec une nombreuse cavalerie, se porta par les routes difficiles de l'Etropol-Balkan sur Sofia.

C'est ici que se place notre épisode.

Les nouvelles du théâtre de la guerre arrivaient bien rares à Sofia; inutile de dire que par le canal du gouverneur turc, les désastres des armées ottomanes devenaient des victoires éclatantes; aussi la population chrétienne de la ville et des environs était-elle dans une inquiétude mortelle.

Cependant il s'était produit quelques velléités d'indépendance chez quelques habitants patriotes, mais elles avaient été aussitôt réprimées par l'empalement et la pendaison, et les cadavres des rebelles furent, par ordre du gouverneur Mazhar-Pacha, laissés exposés pendant trois jours aux portes de la ville.

Tout à coup on annonce timidement que les troupes russes sont victorieuses et qu'elles approchent de Sofia. A peine cette nouvelle s'est-elle répandue de porte en porte, que l'on entend une vive canonnade dans la direction du village de Taschkisend, situé à l'ouest de la ville et au pied des montagnes des Balkans lesquels limitent, au nord, la plaine de Sofia, large d'environ une trentaine de kilomètres.

C'étaient les troupes turques qui tentaient d'arrêter les colonnes du général Gourko. Aussitôt la panique se répand parmi la population musulmane de la ville. Le Pacha s'empresse de quitter son konak et d'aller rejoindre les troupes de Yaya-Pacha qui se tenaient dans les environs pour assurer, en cas de besoin, la retraite des régiments turcs qui se battaient à Tachkisend.

En voyant le pacha fuir avec son harem et ses meubles les plus précieux, les musulmans se décident à la dernière extrémité à quitter leurs demeures, craignant la vengeance des Russes, à cause des atrocités qu'ils avaient commises pendant l'insurrection bulgare.

Avec une précipitation fébrile, ils entassent pêle-mêle dans de mauvais chariots leurs hardes et leurs familles ; plus de mille de ces voitures, traînées par des bœufs et des buffles, étaient rangées sur la place du marché, prêtes à partir. C'était un désordre épouvantable ; de cette cohue partaient des cris et des malédictions contre les Moscofs (les Russes) et surtout contre les Bulgares qui étaient, disaient les Turcs, cause de la guerre.

Un bruit sinistre se répand tout à coup parmi les Bulgares et parmi les Juifs qui forment à Sofia une colonie de plus de 2,000 âmes. Les Turcs, avant de quitter la ville, avaient, disait-on, décidé de mettre à feu et à sang la capitale bulgare. Or, comme toutes les maisons de Sofia étaient, à cette époque, construites en bois, et que les rues étaient tortueuses et étroites, on doit comprendre quelle devait être la terreur des habitants chrétiens et israélites désarmés, et à la merci des musulmans furieux.

Le massacre fut évité, grâce à l'attitude énergique de M. Positano, vice-consul d'Italie, et l'incendie, grâce à la virile résolution des Juifs.

Lorsque le consul italien, alors seul représentant des puissances à Sofia, et consul de France par intérim, apprit que les Turcs se disposaient à mettre à exécution leurs sinistres desseins, il se rendit immédiatement chez le gouverneur qui faisait à la hâte ses préparatifs de départ. Il le menaça de la colère des Puissances en faisant retomber sur lui et sur son gouvernement toute la responsabilité de l'acte sauvage prémédité par la population musulmane, s'il ne donnait pas l'ordre immédiat aux cadis et aux imans d'apaiser le fanatisme de leurs coreligionnaires. L'attitude courageuse du consul produisit de l'effet sur le pacha, et, quoique furieux lui-même, il céda devant les menaces de l'agent consulaire. Celui-ci, qui connaissait les Turcs, n'était pas très rassuré malgré les promesses du pacha ; aussi s'empressa-t-il de réunir chez lui tous les étrangers qui se trouvaient à Sofia et fit-il secrètement avertir plusieurs Bulgares de s'armer et de se rendre dans sa maison pendant la nuit.

Les étrangers vinrent armés, ils étaient environ une trentaine, parmi lesquels : une douzaine de Français, huit à dix Italiens et le reste Allemands et Autrichiens ; de la population indigène, les Juifs seuls se rendirent à l'appel du consul, n'hésitant pas à défendre chèrement leur vie, et au risque d'encourir plus tard, comme cela était arrivé à Kazanlik, la colère des Turcs, dans le cas où les Russes se verraient obligés de battre en retraite, considération qui retenait au contraire les Bulgares. Mais les événements marchaient à grands pas ; en effet, à la nuit tombante, des Turcs venant de Taschkisend jetèrent l'alarme parmi leurs coreligionnaires qui se tenaient prêts à partir par la route de Vladaïa, vers Uskub ; immédiatement les chariots se mirent en marche, mais la route est étroite et accidentée et les véhicules étaient nombreux. Il y eut un pêle-mêle effroyable ; pour surcroît de malheur, une neige épaisse et glacée couvrait la campagne, et la chaussée, ordinairement mal entretenue, se trouvait alors coupée de fondrières.

C'était navrant. Des femmes et des enfants ne pouvant trouver place sur les arabas (1) marchaient à pied dans la neige et la boue glacée ; ils pensaient éviter la mort en quittant la ville, et ils la trouvaient au contraire dans la fuite. La route sans parapet sur les côtes inclinées et sur les bords des précipices, les ponts sans garde-fous ne pouvant retenir cette cohue affolée, laissaient déborder en dehors des accotements les attelages pressés qui tombaient dans les ravins entraînant dans leur chute les personnes qui les occupaient.

Au bas de la route de Vladaïa, aux abords du village de Bali-Effendi où commencent les difficultés de la route ainsi que sur toute la chaussée qui mène à Sofia, l'encombrement et le désordre étaient épouvantables. Plus de quatre mille personnes, avec des moyens de transports insuffisants et de fragiles véhicules trop chargés et préparés à la hâte, se bousculaient en criant pour passer les premiers. Il était quatre heures du matin, le thermomètre marquait douze degrés au-dessous de zéro ; une brume épaisse et glaciale couvrait la campagne et l'obscurité était complète. Les plaintes humaines qui partaient de cette masse affolée s'entendaient de la ville. Les appels désespérés des femmes et des enfants qui s'étaient perdus, les cris de douleur

---

(1) Voitures traînées par des bœufs avec essieux en bois et roues non cerclées de fer.

de ceux qui étaient tombés dans les fossés remplissaient d'effroi le cœur de ceux qui les entendaient.

Cette situation des plus lamentables s'aggrave encore quelques instants après.

Les troupes turques commandées par Yaya-Pacha n'ayant pu arrêter la marche victorieuse des Russes, battirent en retraite sur les gorges de Vladaïa par l'unique route de Bali-Effendi occupée par les fuyards. Il fallut livrer passage aux troupes ottomanes sur une route accidentée, large à peine de six mètres et encaissée dans les montagnes. Ce qui s'ensuivit est horrible à raconter; le passage de la Bérézina peut seul en donner une idée.

Les angoisses de ces malheureux étaient à leur comble et cependant tout n'était pas fini pour eux, car après le passage des troupes turques se présentèrent aussitôt deux régiments de cosaques! Les fuyards, las de cette lutte, abattus par tant et de si pénibles efforts, s'étaient résignés à la mort; en voyant les Cosaques, leur fin ne leur paraissait plus douteuse. Il faisait jour, jour bien sombre, comme il en fait souvent sur ces hauts plateaux du pays de Sofia; les cavaliers russes, lorsqu'ils entrèrent dans le village de Bali-Effendi, furent atterrés devant le spectacle qui s'offrit à leurs yeux. Malgré leur haine contre les Turcs, malgré le souvenir des mutilations faites par les Turcs sur les blessés chrétiens tombés sur les champs de bataille de Schipka et des environs de Plevna, ils furent pris de pitié devant tant de malheurs. Le long de la route, dans les fossés et les mares glacées, gisaient une centaine de cadavres de femmes et d'enfants. Dans le convoi, ils virent une quantité de chariots renversés; les meubles et les hardes des fuyards jonchaient les abords de la route; ce spectacle terrifiant apaisa le courroux de ces farouches enfants de l'Ukraine et du Don. Et par où avaient passé les Turcs qu'ils poursuivaient, eux, les ennemis séculaires des musulmans, n'osèrent s'aventurer de crainte d'ajouter d'autres maux aux maux effroyables qui accablaient tant de pauvres familles. Ils rassurèrent ces pauvres gens et se lancèrent par des sentiers détournés à la poursuite des troupes de Yaya-Pacha qui purent, sans trop de pertes, éviter leur atteinte et gagner Kustendil, puis Uskub.

Nous avons dit que les étrangers et plusieurs juifs s'étaient rendus, armés, dans l'habitation du consul italien pendant la nuit du départ des familles turques. Celles-ci avaient reçu des imans l'ordre exprès de sortir de la ville sans mettre à exécution leurs mauvais desseins; mais plusieurs jeunes gens se répandirent, à l'insu des prêtres musulmans, au milieu de la nuit, dans le quartier le plus populeux, et mirent le feu au *Tharchi* (marché). Ce Tharchi est un composé de maisonnettes à un étage très rapprochées entre elles et construites en bois et en torchis; c'est, ou du moins c'était le centre commercial de Sofia.

Plusieurs maisons flambaient déjà; les pompes n'existaient pas sous le régime turc; en cas d'incendie, on se contentait de faire la part du feu, et d'abattre avec de longues perches à crochets de fer la charpente des maisons atteintes. Sous le coup des menaces des Turcs, les Bulgares n'osaient sortir de leurs demeures, de peur d'être massacrés; ils se contentaient de recommander leur âme à Dieu, s'en remettant à lui du soin de les protéger.

Les israélites, malgré la présence de plusieurs Turcs dans les rues, sortirent résolument de leurs demeures; reconnaissant l'imminence du danger, ils se préparent à l'éviter; les femmes courent aux citernes emplir des seaux et des baquets; les hommes attaquent avec leurs longs crochets les maisons incendiées et celles attenantes, pendant que d'autres sont postés armés de haches, aux abords des rues du Tharchi pour empêcher les Turcs de poursuivre leur œuvre de destruction et protéger en même temps leurs coreligionnaires occupés à éteindre l'incendie. Les incendiaires, voyant qu'ils auraient le dessous, se retirèrent après quelques tentatives vigoureusement repoussées, et d'autant plus vivement qu'ils savaient que les troupes russes n'allaient pas tarder à faire leur entrée dans la ville.

La capitale bulgare ne dut son salut qu'au courageux dévouement des juifs : sans eux, elle n'aurait été, le lendemain, qu'un vaste brasier fumant et une partie de ses habitants aurait certainement péri.

Pour perpétuer le souvenir de la bravoure des juifs, le prince Alexandre, d'accord avec le Gouvernement, décida, lorsqu'on créa en 1879 le corps des pompiers, que ceux-ci seraient exclusivement choisis parmi les citoyens israélites. Aujourd'hui, lorsqu'il y a une revue d'apparat, les pompiers juifs en uniforme, casque en tête, hache au côté, sont placés près des autres corps d'élite de l'armée bulgare.

*
* *

Les Bulgares de Sofia et des pays environnants, contrairement à l'attitude des Bulgares des autres provinces, se montrèrent, lors de l'arrivée des Russes, d'une lâcheté insigne; c'est une tache imprimée à leur histoire qui ne s'effacera jamais. Il y a cependant des circonstances atténuantes; les malheureux craignaient, il faut le dire, le sort de leurs frères de la Toundja.

Lorsque le détachement d'avant-garde russe arriva sur la place de la ville, le général Alabinsky qui le commandait fut fort étonné de voir toutes les portes closes et personne dans les rues; il ne s'attendait pas à ce froid accueil de la part des habitants de Sofia et ne savait comment se tirer d'embarras, lorsque le consul italien vint escorté des étrangers et des juifs. Ces derniers voulant manifester leur allégresse avaient jeté bas les fez, signe de la servitude, que leurs ancêtres et eux portaient depuis quatre siècles et s'étaient coiffés de chapeaux, de casquettes ou de calpaks. Quant aux ulgares, pas un seul ne se joignit au consul italien ur souhaiter la bienvenue au général russe.

Celui-ci, pressé de partir, pria le consul italien d'expédier quelqu'un à la recherche d'un notable Bulgare avec lequel il pût s'entendre pour la formation d'une municipalité provisoire et pour d'autres affaires concernant le ravitaillement des troupes.

Le consul envoya son kavas chez le notable bulgare, Ilia Zanoff, président du tidjaret (tribunal de commerce) sous le régime turc; tremblant de tous ses membres, Ilia Zanoff (1) ne voulait pas se rendre auprès

du général, car il entrevoyait la possibilité d'une retraite de l'armée russe, et dans ce cas, il se voyait perdu.

Le kavas, qui avait des ordres formels, le contraignit à se rendre au consulat italien où s'était rendu l'état-major russe; il arriva blême et coiffé de la calotte turque. Le consul lui enleva aussitôt le fez rouge et le coiffa d'un de ses vieux chapeaux.

Les Bulgares, en souvenir de la conduite du vice-consul d'Italie et des services qu'il avait rendus dans ces circonstances douloureuses, donnèrent son nom à la place sur laquelle était située la maison qu'il occupait.

Le cabinet de Rome le récompensa de son côté en le nommant consul à Damas.

(1) C'est ce Zanoff qui a été, dans ces derniers temps, représentant de la Bulgarie à Constantinople, et ministre des affaires étrangères.

II

GÉOGRAPHIE PHYSIQUE, GOUVERNEMENT, POPULATIONS

Bulgarie. — La Bulgarie proprement dite est bornée au nord par le Danube, qui la sépare de la Roumanie ; au nord-est par la *Dobroutcha*, province roumaine; au nord-ouest et à l'ouest par la Serbie; à l'est par la mer Noire; au sud par la longue chaîne des Balkans qui la sépare de la Roumélie et au sud-est par les contreforts des monts Kara-Dagh et Rhodope qui la sépare de la Macédoine (Turquie).

MONTAGNES. — La grande chaîne des Balkans, qui a donné son nom à toute la péninsule, longe le sud de la Bulgarie proprement dite ou Bulgarie du Nord. Elle est appelée par les Turcs *Kodja-Balkan* et par les Bulgares *Stara-Planina* (1). C'est dans cette chaîne que se trouvent les pics les plus élevés. Celui de *Mara-Ghéduk*, le plus élevé de tous, atteint, d'après Kanitz, 2,330 mètres d'altitude. Les principaux passages ou cols de cette chaîne sont celui de *Schipka* (devenu célèbre depuis la guerre turco-russe de 1877) qui atteint 1,200 mètres d'altitude ; celui de *Ghintzi*, par où passe la route de Sofia à Lom-Palanka, qui a 1,500 mètres.

Le Balkan se ramifie à l'ouest avec les montagnes

(1) *Stara*, vieille; *Planina*, montagne.

de Tchiprovatz ou Tzerni-Vreh ; au sud-ouest avec les montagnes du Rhodope près de Samakof et de Doubnitza, où il forme deux grands massifs : celui du *Vitosch* (2,300 mètres), au pied duquel se trouve Sofia et celui de *Rilo* qui atteint 2,700 mètres. Cependant ces deux massifs doivent être compris dans le système du Rhodope.

RIVIÈRES. — Les Balkans donnent naissance à plusieurs cours d'eau. Ceux qui se jettent dans le Danube et qui traversent par conséquent le territoire de la Bulgarie du nord sont : la *Topolovitza* qui se jette près de Widine; le *Vitbol;* l'*Artcher;* le *Lom* qui se jette à Lom-Palanka; l'*Ogust*; le *Schkit;* le *Wid;* l'*Osjema;* la *Yantra;* le *Tzerni-Lom* (Lom-noir), qui rejoint le Danube à Roustchouk; enfin l'*Isker* (Ischkra) dont la source se trouve dans la dépression formée par le Rilo et le Rhodope, en arrière des Balkans; il traverse la plaine de Sofia qui n'est qu'un vaste plateau de 560 mètres d'altitude et franchit le Balkan par une formidable trouée pour se rendre dans le Danube. Le *Kamschik* et son gros affluent le *Delli-Kamschik* (le Kamschik fou) se jettent, après s'être réunis au village de Sandoukdji, dans la mer Noire, sud de Varna.

Roumélie orientale ou Bulgarie du Sud. — Ce pays, que les signataires du traité de Berlin ont voulu rendre distinct de la Bulgarie danubienne, est limité au nord par la grande chaîne des Balkans, à l'ouest et au sud-ouest par les montagnes du Rhodope (2,600 mètres de hauteur), appelées par les Turcs Dospath et par les Bulgares Despoto-Planina (1); au sud par une ramification du Rhodope du nom de Kara-Balkan (Balkan noir), par une partie de cours de l'Arda et par les montagnes peu élevées de Bouyouk-Dervent ou Ghuop-Tépé; à l'est par la mer Noire.

Montagnes. — Les montagnes qui existent en Roumélie sont celles que nous venons de nommer. Il faut cependant y ajouter une ramification du grand Balkan, appelée : Karadjah-Dagh. Le territoire situé entre les deux montagnes, et où coule la rivière Toundja, forme la célèbre vallée de Kasanlik ou vallée des Roses. Celles-ci sont récoltées en abondance pour la fabrication de l'essence de roses d'Orient, dont la réputation s'étend dans le monde entier. A mentionner aussi les petites montagnes de Karnabad et de Slivino qui sont des ramifications du Balkan.

Fleuves et rivières. — Les cours d'eau de la Roumélie sont plus importants que ceux de la Bulgarie. C'est d'abord le fleuve *Maritza* (2) qui prend sa source dans la partie nord du Rhodope et qui se jette dans la mer de l'Archipel après avoir quitté le territoire rouméliote à Moustapha-Pacha ; la *Toundja*, principal affluent de la Maritza ; la *Topolka*, la *Strièma* ou *Ghiop-sou*, le *Sasty* et l'*Ouzoundja-Déré* sont également de petits affluents de la Maritza; enfin le *Fakih-Déré* qui se jette dans le golfe de Bourgas.

Climat. — Le climat de la Bulgarie est rude. Sous l'action des vents venant de Russie et de la mer Noire, l'air se refroidit et le thermomètre descend en hiver de 10 à 20° au-dessous de zéro.

A Sofia, l'hiver commence généralement au mois d'octobre et finit au mois de mai. Cependant il n'est pas rare de voir tomber de la neige en plein mois de juin. La capitale de la Bulgarie se trouve sur un plateau d'une altitude de 560 mètres entouré de tous côtés de hautes montagnes, les Balkans au nord et le Rhodope au sud.

Comme dans tous les pays élevés, la chaleur en été est assez forte. Somme toute, le climat, quoique rude, est sain, et les personnes bien constituées se portent bien dans ce pays.

Gouvernement. — La principauté de la Bulgarie, doit, comme nous l'avons dit dans notre notice historique, son existence à la Russie. Alors que les

troupes russes victorieuses se trouvaient aux portes de Constantinople, un armistice fut conclu à Andrinople entre la Russie et la Porte Ottomane, le 31 janvier 1878.

Le 19 février (3 mars, nouveau style) MM. le comte Ignatieff et de Nélidoff, plénipotentiaires russes, et Savfet-Pacha et Sadoullah-Pacha, plénipotentiaires ottomans, signèrent le traité de paix à San-Stefano, gros bourg situé à quelques kilomètres de Constantinople. Ce traité fut soumis à la sanction des grandes puissances à Berlin; un nouveau traité fut élaboré dans la capitale allemande par les représentants de ces puissances, le 13 juillet 1878. Le traité de San-Stefano qui donnait à la Bulgarie des limites qui s'étendaient près de Salonique et comprenaient les territoires de Kavalla et de Lulé-Bourgas au sud; ceux de Kastoria, de Gortscha et Dibrè à l'ouest; de Vrania et de Pirot au nord, fut complètement modifié par le traité de Berlin et les limites de la Bulgarie proprement dite furent réduites à celles que nous avons déjà fait connaître.

Politiquement la Bulgarie devenait une principauté autonome mais vassale de la Turquie ; cette vassalité consistait dans le paiement d'un tribut annuel au Sultan. Ce tribut n'a jamais été payé et ne sera très probablement jamais acquitté.

En nommant leur prince, les Bulgares furent autorisés à se donner une Constitution sur la base du suffrage universel. En conséquence, les députés bulgares se réunirent à Tirnova, élirent le 29 avril 1879 le prince Alexandre de Battemberg de la famille régnante de Hesse-Darmstadt, prince de Bulgarie, et élaborèrent une Constitution qui est certes la plus libérale qui existe en Europe, mais qui présente par contre des lacunes très regrettables.

Le prince est irresponsable et gouverne avec l'aide d'un ministère, de la Chambre des députés et d'un Conseil d'État, lequel a été formé en 1882. Les députés sont élus sur la base de un député par chaque dix mille habitants. Les ministres sont responsables devant la Chambre.

La liste civile du prince est de 675,000 francs.

Le ministère est composé de sept départements, lesquels sont :

Ministère de l'Intérieur, *Ministerstvo na Voutrechnit.* Ministère des Affaires étrangères, *Ministerstvo na Voutchnit Dièla.* Ministère de la Guerre, *Ministerstvo na Voynata.* Ministère des Finances, *Ministerstvo na Finanssiteh.* Ministère de l'Instruction publique, *Ministerstvo na Narodino Proveleschténiè.* Ministère de la Justice, *Ministerstvo na Ravosindièto.* Ministère des Travaux publics, *Ministerstvo na Obschtik grad.*

Divisions administratives. — La principauté de Bulgarie ou Bulgarie du Nord se divise en 14 départements ou préfectures et en 56 districts ou sous-préfectures.

---

(1) Ou montagne des Évêques.
(2) Ancien Hémus.

PRÉFECTURES ou *Okroujnè-Oupravlèniè.*	CHEFS-LIEUX.	SOUS-PRÉFECTURES ou *Okolski-Natchalnik.*
Varna.	Varna.	Varna, Baltchik, Dobritschka ou Dobroudja, Pravadi et Novosélo ou Hadji-Oglou-Bazardjik.
Silistrie.	Silistrie.	Silistrie, Akandjiler et Kourtè-Pournarski ou Boujouk-Kaïnardji.
Schoumla.	Schoumla.	Schoumla, Novopazarski ou Yéni-Bazar, Eski-Djoum, Osman-Bazar et Pravadi.
Rasgrad.	Rasgrad.	Rasgrad, Bobovska, Kemabrska.
Routschouk.	Routschouk.	Routschouk, Biéla, Balpounar et Toutrukan.
Tirnova.	Tirnova.	Tirnova, Elèna, Kilifar, Travna et Gorni-Orkhovska.
Sistova ou Svistov.	Sistova.	Sistova et Nikopoli.
Selvi ou Sevliévo.	Selvi.	Selvi, Gabrova et Troïan.
Plevna.	Plevna.	Plevna, Lovetz ou Lofscha, Tetèvène et Loukovitz.
Vratza.	Vratza.	Vratza, Orkhovska, Biélotinza, et Orkaniè.
Lom-Palanka ou Lom.	Lom-Palanka.	Lom-Palanka, Berkovitza et Vlitchidrama.
Widine.	Widine.	Widine, Koula, et Belogradjik.
Sofia ou Irdetz.	Sofia.	Sofia, Samakof, Novo-Sélo, Iskratz, Zalatinska, Tzaribrod, Trûne et Bresnik.
Kustendil.	Kustendil.	Kustendil, Doubnitza, Radomir et Isvor.

Population. — La principauté de Bulgarie possède, d'après les dernières statistiques, une population totale de 2,007,000 habitants ; ce chiffre se décompose ainsi :

Bulgares	1.665.800
Turcs	220.000
Pomaks (Bulgares musulmans)	40.000
Grecs	40.000
Israélites	16.000
Tziganes	14.000
Roumains	6.000
Koutzo-Valaques	2.000
Arméniens	2.000
Etrangers	1.200
Total	2.00°.000

Les Turcs occupent principalement les territoires de Rasgrad, Eski-Djouma, Osman-Bazar et toute la Dobroudja bulgare. Ils étaient beaucoup plus nombreux avant l'émancipation de la Bulgarie; depuis la guerre ils se sont retirés en pays musulman, après avoir vendu à vil prix leurs propriétés aux Bulgares. Ceux qui restent se considèrent comme provisoirement installés en Bulgarie, et aussitôt qu'un Turc a pu surmonter les nombreuses difficultés qu'il rencontre pour vendre ses propriétés, difficultés qui lui sont suscitées par les autorités à l'effet de le rendre plus coulant sur les prix, il part et va s'installer dans les provinces de la Turquie d'Asie, principalement dans l'Houdavendighiar, et dans les pays de Sivas et de Trébizonde, où il se croit à l'abri d'un nouvel exode.

Il ne restera bientôt plus de Turcs en Bulgarie, ni même en Roumélie, car ils ne peuvent se résoudre à vivre sous des lois chrétiennes. Habitués à dominer les populations de la péninsule, à exiger d'elles une foule de corvées, ils en étaient arrivés au point de considérer les chrétiens raïas comme des êtres inférieurs et méprisables. On comprendra que dans ces conditions les Turcs ne puissent vivre sous un régime égalitaire; aussi leur exode n'est pas terminé et au fur et à mesure qu'une province se détachera de l'Empire, les musulmans la quitteront comme ils ont quitté la Hongrie, la Roumanie, la Serbie, la Grèce, pour se porter peu à peu vers leur pays d'origine.

Un orgueil de race démesuré, une ignorance complète, une religion inflexible, à laquelle ils sont et resteront toujours attachés, rendent les descendants d'Osman ennemis de toute civilisation qui a pour base l'égalité entre les hommes (1).

Les Pomaks. — Les Pomaks ou Pomatzi habi-

---

(1) Voir, pour autres détails sur les Turcs, notre *Carte Commerciale de la Thrace* (Constantinople).

tent en Bulgarie le pays situé entre Plevna et l'Etro-pol-Balkan. Ce sont les descendants des Bulgares qui ont embrassé l'islamisme lors de la conquête de leur pays par les Osmanlis. Ils ont les mêmes coutumes que les autres Bulgares et, sous le rapport de l'habillement, ce n'est que le turban qui les distingue des Bulgares chrétiens. Ils parlent la même langue que ces derniers, ne sont point fanatiques, et en certaines circonstances, ils préfèrent s'adresser à leurs frères de race qu'à leurs coreligionnaires.

Comme les Pomaks n'ont pas oublié leur origine, il se peut qu'ils s'assimilent] un jour entièrement aux Bulgares chrétiens, d'autant plus qu'ils ne sont point fanatiques.

Les Grecs. — Les Grecs occupent la bande orientale de la Bulgarie, et leur principal centre est Varna. Ils sont tous adonnés au commerce et à la batellerie. Du temps des Turcs leur situation était meilleure, car ils avaient le monopole des achats des céréales que fournit en grande quantité la Bulgarie et qu'ils embarquaient à Varna. Depuis l'émancipation, les Bulgares se sont entendus, et les achats de blés et maïs se font directement entre eux et les cultivateurs. Les dîmes en nature sont aujourd'hui cédées aux Bulgares par le gouvernement, tandis que, sous la domination ottomane, les pachas et les meymours (dîmiers) les revendaient aux Grecs, qui représentaient les grandes maisons grecques de Marseille, de Trieste et de Londres.

Les Juifs. — Les Israélites habitent les centres populeux où ils peuvent exercer leur industrie; ils sont, comme tous les autres Juifs de la Turquie, descendants de ceux qui s'expatrièrent d'Espagne sous le règne de Philippe II. Ils parlent entre eux la langue espagnole qui est peut-être celle que l'on parlait en Espagne sous le règne du fils de Charles-Quint.

Nous avons dit dans les notices des *Cartes Commerciales* de la Thrace, de la Macédoine et de l'Albanie, tout ce qu'il était utile de connaître sur les Israélites de la Turquie. Les Juifs de Bulgarie ne diffèrent pas des autres. Ils sont tous revendeurs, sarafs (changeurs), banquiers ou négociants. Cependant quelques-uns d'entre eux exercent une industrie; ils sont, dans ce cas, ferblantiers et passementiers.

Comme tous les Juifs d'Orient, ceux qui habitent les villes se logent dans un même quartier; c'est malheureusement toujours le quartier le plus malpropre de la ville; les rues sont étroites et tortueuses, le sol naturel sert de pavé, qui est constamment noir et visqueux; leurs maisonnettes en bois et torchis avec escalier en bois en dehors sont humides et malsaines; aussi les enfants des Israélites sont-ils toujours souffreteux.

D'après la Constitution bulgare, tous les citoyens devant le service militaire, les Juifs ont dû se résigner à endosser l'uniforme et à se servir des armes. Ça été un gros événement pour eux, car sous le régime turc, ni les juifs ni les chrétiens n'étaient admis dans le nizam. Au début il y a bien eu quelques difficultés; la religion des Juifs ou bien leurs superstitions leur défendaient, paraît-il, de se servir d'armes contre leurs semblables. Puis ils s'y sont faits, et dans la guerre contre les Serbes ils ont mérité des éloges pour leur tenue et leur courage.

Les Koutzo-Valaques. — Ceux-ci viennent de la Macédoine et des régions pindiques et résident peu de temps en Bulgarie. Ce sont des maçons et des charpentiers. Nous avons donné sur eux des détails plus précis dans la *Carte Commerciale* de l'Albanie et Epire, leur pays d'origine.

Les Tziganes. — Parmi les Tziganes de la Bulgarie, il y en a qui sont nomades et d'autres qui sont établis dans des petits villages. Ils sont peu aimés des Bulgares qui les tiennent en grande suspicion à cause de leurs instincts pillards. Ils vivent, pendant leurs pérégrinations, en rétamant les ustensiles de cuisine, en vendant des amulettes et les femmes jeunes de la prostitution. Il leur est défendu de s'installer dans les villes et doivent établir leur campement aux barrières. C'est parmi les Tziganes qu'on trouve les meilleurs connaisseurs en chevaux; dans les marchés, où ils ne manquent pas de se rendre, car ils y trouvent toujours l'occasion d'opérer quelque larcin, il ne se vend ni ne s'achète un cheval sans leur intermédiaire.

Les Tziganes étant plus nombreux en Thrace qu'en tout autre endroit de la péninsule balkanienne, c'est dans le texte qui accompagne la *Carte commerciale* de cette province que nous avons donné des détails plus complets sur eux.

III

PRINCIPALES VILLES DE LA BULGARIE [1]

Ville de Sofia. — La population de la capitale de la principauté, qui n'était que de 16,000 habitants avant l'émancipation, atteint aujourd'hui le chiffre de 26,000, partagé de la manière suivante : *Bulgares* 19,800, *Israélites* 2,800, *Tziganes* 900, *Musulmans* 850, *Grecs* 120, *Arméniens* 110, *Étrangers* 1,200.

Sofia est le siège du gouvernement et résidence du prince régnant. La Chambre des députés ou *Sobranié* y tient ses séances. Il y a une Cour des comptes, une Cour de cassation, une Cour d'appel, un Tribunal de première instance et une Justice de paix.

Il y a aussi : une imprimerie nationale au service du gouvernement et des particuliers; une bibliothèque nationale, une école militaire pour les jeunes officiers, une école des arts et métiers, un grand et beau lycée, un jardin public, des bains sulfureux naturels, un magnifique hôpital, le bureau central des postes et télégraphes.

Cette ville sera dans vingt années une des plus considérables de l'Europe orientale. Située admirablement au pied du mont Vitoch (2,100 mètres) dans une immense vallée, entourée par la chaîne des Petits Balkans, son climat est salubre quoique rigoureux en hiver. Plus de cinquante fontaines distribuent l'eau à profusion. En six années cette ville a subi une transformation merveilleuse. De larges boulevards, de grandes rues ont été percés, et des constructions à l'européenne ont remplacé presque partout les maisons en boue du système turc. Placée sur la grande ligne ferrée qui reliera Constantinople à Paris, par Vienne et Belgrade, destinée à être reliée prochainement au Danube par les chemins de fer projetés sur Routschouk et Lom-Palanka et à la Macédoine par le chemin de fer également projeté de Kustendil, un brillant avenir est réservé à la capitale de la Bulgarie.

Les environs de Sofia sont encore un peu dénudés, mais la transformation s'opère dans la campagne comme elle s'est opérée dans la ville.

Le village de Baly-Effendi ou Kniagèvo, situé à 9 kilomètres de la ville et à l'entrée des gorges de Vladaïa, est un endroit très pittoresque et but de promenade favori des habitants de Sofia. A Baly-Effendi et à Yokari-Bania, village situé à côté du précédent, il existe des sources chaudes sulfureuses.

La ville de Sofia est aussi le siège d'un archevêché bulgare. L'archevêque prend aussi le titre de métropolitain. La principale église de Sofia possède les reliques du Saint-Roi (Sveti-Kral) Miloutine, un roi serbe.

Il existe encore à Sofia : une église catholique latine, construite par souscriptions dues principalement aux ingénieurs français, autrichiens et italiens qui travaillaient aux chemins de fer en 1873 et en 1874, sous la régie ottomane; une chapelle arménienne; une grande et vieille synagogue et un temple protestant.

ÉTABLISSEMENTS SCOLAIRES. — Ceux-ci sont représentés à Sofia : par un gymnase d'enseignement secondaire, appelé aussi école normale. Cette école est très fréquentée par les jeunes gens bulgares; l'on y étudie à part le bulgare, le russe, le français et l'allemand;

Une pension et deux écoles primaires et secondaires pour jeunes filles;

Une école latine dirigée par les frères ignorantins où l'on enseigne particulièrement le français et aussi l'allemand. Cette école admet les jeunes gens sans distinction de culte et de nationalité;

Une école catholique latine de jeunes filles dirigée par les sœurs de Saint-Joseph de l'Apparition; il y a des internes et des externes et l'on y enseigne le français et les travaux de couture et de broderie;

Une école protestante de filles et garçons fondée par un Allemand, M. Heberlé, représentant du baron Hirsch à Sofia.

En 1879, l'Alliance israélite de Paris avait fondé à Sofia une école israélite avec des professeurs français; le concours pécuniaire lui ayant fait défaut, elle fut obligée de fermer en 1883.

Schoumla. — Ville située à l'est et près du che-

---

(1) Nous devons des remerciements à notre compatriote M. Michal, Ingénieur à Sofia et Directeur de la Société des fours à chaux et ciments de Pernick, qui a bien voulu mettre à notre disposition des notes importantes sur la Bulgarie.

min de fer Varna-Routschouk. C'est une ville très forte et très ancienne. Sa population est de 25,000 habitants, dont 11,000 Bulgares, 10,000 Turcs et Tartares, 1,500 Israélites, divers 2,500. Le commerce de Schoumla est peu actif ; le pays environnant, notamment Osman-Bazar et Eski-Djouma où la population musulmane est en majorité, produit du vin et des céréales.

Près de Schmoula on remarque les ruines de Preslav qui a été, avant Tirnova, la capitale des Bulgares.

Routschouk. — Ville située sur le Danube ; sa population est de 23,500 habitants, soit 16.000 Bulgares, 5,000 Turcs, 1,500 Israélites, 1,000 Grecs. Son commerce est absorbé par le port de Varna, avec lequel il est relié par un chemin de fer. Il y a des tanneries de cuirs forts, des fabriques d'armes assez grossières et des poteries en argile noire. On fait avec cette argile de petites pièces coloriées et incrustées assez originales.

Widine. — Située sur le Danube, au nord-ouest de la Bulgarie ; population : 22,000 habitants, dont 16,000 Bulgares, 5,000 Turcs, 1,000 Israélites. Ville forte ; commerce : céréales, caviar et poissons salés.

Varna. — Située sur la mer Noire, principal port de la Bulgarie ; population : 21,000 habitants, se répartissant ainsi par nationalité : Bulgares 8,000, Grecs 8,000, Turcs 4,000, Israélites 1,000. Varna est tête de ligne du chemin qui mène à Routschouk, puis par Giurgévo et Bukarest dans les autres parties de l'Europe. Débouchés des produits de la province. (Voir le chapitre consacré au commerce de Varna.)

Tirnova. — Cette ville est située sur la Yantra, affluent du Danube. Étagée sur les flancs de deux collines, elle domine un grand cirque entouré de montagnes assez élevées. Capitale des derniers rois bulgares, elle est considérée comme ville sainte et centre principal de la race bulgare. Sa population est de 21,000 habitants, presque tous Bulgares. Le pays environnant est très bien cultivé et produit du blé et du maïs. La vigne vient bien et le vin y est un peu léger mais bon. Les pâturages sont nombreux et les chevaux de Rakovitza, village des environs, sont renommés dans toute la Bulgarie. On trouve à Tirnova des filatures de soie assez primitives, des minoteries passables, une raffinerie d'alcool. Broderies d'or et de soie renommées.

Plevna. — Cette ville est située sur un plateau mamelonné près de la rivière Vid qui se jette dans le Danube. Elle est fameuse par le siège qu'y soutint Osman-Pacha pendant trois mois contre toute l'armée russe et l'armée roumaine, qui s'y distingua fort dans cette affaire, à la fin de l'année 1877. Les produits de Plevna et des environs consistent principalement en céréales, en bestiaux et en vin. La population est de 15,500 habitants presque tous Bulgares ; cependant on compte encore un millier de mouhadjirs turcs (petits propriétaires) et autant d'Israélites.

Sistova. — Ville sur le Danube et commerce de céréales et de peaux de mouton et d'agneaux qui viennent de l'intérieur (Lofscha et Selvi ou Sevliévo). Sa population est de 12,000 habitants, presque tous Bulgares, avec quelques Turcs, quelques Tziganes et quelques Israélites. C'est en face de Sistova que les Russes jetèrent, sous le feu des Turcs, en 1877, un pont sur bateaux pour le passage de leur armée.

Lom-Palanka. — Située au bord du Danube, cette ville est le port de Sofia et des pays de Vratza et de Berkovitza. Elle gardera cette situation privilégiée jusqu'à l'achèvement de la voie ferrée qui mettra Sofia, par Nisch et Belgrade d'un côté et Philippopoli de l'autre, en communication directe avec l'Europe centrale et occidentale et avec Constantinople.

Lom-Palanka est donc un poste de transit principalement ; les habitants sont industrieux, mais les environs qu'occupaient les Tcherkess, sous le régime turc, sont presque déserts et peu cultivés, quoique les terres soient magnifiques.

La population de la ville est de 11,000 habitants dont 7 à 800 Israélites.

Kustendil. — Ville située près des frontières de la Macédoine et sur la route de Sofia à Uskub. Son commerce est peu prospère et l'on s'occupe beaucoup plus de l'élevage des bestiaux. Les principaux produits du sol sont les céréales et les vins. La population de Kustendil est de 9,500 habitants parmi lesquels 4 à 500 Israélites. Il y a à Kustendil des bains chauds naturels renommés dans le pays.

Lofscha ou Lovetz. — Se trouve située sur l'*Ozen* ou *Osma*, affluent du Danube, au milieu de magnifiques pâturages et de plantations de vignes. Cette ville exporte par Sistova et même par Nikopoli beaucoup de peaux de moutons et de chèvres. La population de Lofscha se compose de 8,000 Bulgares, de 500 Tziganes et autant de Turcs.

Rasgrad. — Population de 9,000 habitants, dont 5,000 Bulgares et 4,000 Turcs. Station de chemin de fer Varna-Routschouk. Rasgrad fait un commerce assez important de laines, peaux et vins.

Silistrie. — Ville forte sur le *Danube* et tout près de la frontière roumaine. C'est une ancienne ville qui a joué un grand rôle dans tous les événements qui ont eu la Bulgarie pour théâtre. Sa population, qui était de près de 20,000 habitants avant la guerre, s'élève à peine aujourd'hui à 7,200 ; la différence était représentée par l'élément musulman qui a quitté le pays pour se rendre en territoire ottoman. L'importance commerciale de la Silistrie est bien faible ; elle exporte des bois de chauffage et des céréales. C'est le port danubien de la Dobroutcha bulgare.

Doubnitza. — Ville située dans la vallée de la Strouma (Strymon) aux pieds du mont Rilo. Il y a dans les environs de magnifiques forêts qui alimentent de nombreuses scieries établies sur les torrents. On y cultive des fruits, dans ce territoire abrité des vents du nord par le massif du *Vitoscha*. La population atteint 7,000 habitants presque tous Bulgares.

Gabrova. — Ville de 6,000 habitants, tous Bulgares ; elle s'est située sur la route qui de Tirnova mène au col de Schipka. C'est certainement la ville de toute la Bulgarie où l'industrie est et a toujours été le plus développée. Très bien arrosée par de nombreux cours d'eau, plusieurs petites industries ont pu prendre de ce fait beaucoup d'extension. On y tisse du drap assez grossier (abas) mais très bon et très résistant et des cotonnades de gros fil ; il y a des poteries ; des fabriques d'ustensiles de ménage en cuivre ; des fabriques de couteaux, de babouches et d'opintzi ; on y fait des selles à la turque et pour le transport des marchandises ; la passementerie est également importante.

Samakoff. — Ville de 6,000 habitants, parmi lesquels 450 Juifs. Située au milieu des contreforts nord du Rhodope et dans une plaine très fertile arrosée par les nombreux bras de l'Iskra. Cette petite ville possède des mines de fer très riches, mais exploitées d'une façon toute primitive. Il y a à Samakoff un collège de garçons et de jeunes filles tenu par des missionnaires américains et protestants, qui ont fait peu de prosélytes.

Selvi ou Sevliévo. — Sur la *Rousitza*, qui se jette dans la *Yantra*, au milieu de beaux pâturages et de plantations de vignes et de mûriers, possède une population de 5,200 habitants ; dont 4,000 Bulgares et 1,200 Turcs.

Travna. — Cette petite ville, située dans les hautes vallées du Grand Balkan, s'occupe de plusieurs industries toutes très prospères. C'est d'abord un centre assez important pour les peaux et les laines et fabrique des haches, des couteaux, des ustensiles de cuisine en cuivre et des fûts pour le transport des vins. La population de Travna atteint 4,500 habitants, tous Bulgares.

Berkovitza. — Cette petite ville, bien située sur un des affluents de l'*Ogost*, est renommée pour ses tapis tissés à la main. Ces tapis présentent une particularité : ils n'ont ni envers ni endroit, les deux côtés étant absolument les mêmes comme dessins et comme couleurs ; ils ne sont pas, en outre, établis sur canevas.

Les couleurs de ces tapis sont très vives, mais passent légèrement après quelques années, les tapis n'en sont que plus beaux. La trame étant très forte et très serrée rend ces tapis presque inusables.

Il y a de très beaux vignobles autour de Berkovitza, et sa population est de 3,700 habitants bulgares.

Nikopoli. — Sur le Danube, commerce peu important. Sa population s'élève à 3,200 habitants, parmi lesquels on remarque 2 à 300 Tziganes et quelques musulmans. A Nikopoli et dans ses environs on rencontre quelques milliers de Bulgares catholiques. Cette ville est célèbre par la grande victoire remportée en 1396 par le Sultan Bajazet (Bayézid-Ildérin ou l'Eclair) sur l'armée chrétienne commandée par Sigismond de Hongrie, au milieu de laquelle se trouvait beaucoup de noblesse française sous les ordres du duc de Bourgogne, plus tard Jean-sans-Peur.

IV

MŒURS ET COUTUMES

Mœurs et coutumes. — Les Bulgares sont essentiellement cultivateurs, et sous ce rapport ils sont favorablement connus dans tout l'Orient. Ils sont aussi d'une grande sobriété, font peu de dépenses et on peut dire que leur pécule est amassé sou à sou.

Sous bien des rapports, les Bulgares de la Roumélie diffèrent de ceux de la principauté. Ceux-ci, notamment, ceux qui vivent dans les montagnes ont conservé le pur type bulgare; ils sont généralement de taille moyenne, mais trapus à face large et fortement colorée. En hiver les hommes portent une espèce de veste échancrée aux hanches en peau de mouton le poil en dedans — les plus aisés y ajoutent des broderies assez grossières; leurs pantalons, été comme hiver, est en drap blanc appelé *Tchaïak*, c'est un drap rappelant d'assez près la *cheviotte* anglaise. La coupe des pantalons est bien primitive, — une ficelle retient roulée autour des hanches ledit pantalon qui est large sur le ventre et très étroit sur les jambes autour desquelles l'étoffe paraît plutôt roulée. — Aux pieds, ils portent des *opintzi*; c'est un morceau de cuir de buffle non tanné avec lanières en peau servant, en même temps qu'à fixer la chaussure; à serrer le pantalon à la jambe.

Sur la tête un bonnet rond en peau de mouton, le poil en dehors.

En été, ils portent une espèce de casaque de drap blanc, bleu ou marron, plus ou moins brodée de passementerie rouges et blanches; les manches de cet habit arrivent serrées jusqu'au-dessus du coude et laissent sortir les manches de la chemise, flottantes et larges autour des bras.

La chemise est en toile de coton à gros fils, très grossière. Toutes les pièces du costume des Bulgares du haut Balkan sortent confectionnées de leurs mains.

La femme mariée se distingue par un large bandeau en cotonnade blanche qu'elle porte sur la tête et dont les pans liés derrière la nuque retombent presque jusqu'aux pieds; sa chemise est de même étoffe et de même coupe que celle portée par son mari; les jambes sont recouvertes été comme hiver par des chaussettes en grosse laine tricotée: quelquefois ces chaussettes sont brodées fort curieusement. Les chaussures sont les mêmes que celles des hommes, mais les manches de la chemise, manches très larges, sont brodées extérieurement de soie de couleur; les dessins en sont souvent très originaux et rappellent les hiéroglyphes égyptiens.

La jeune fille est accoutrée d'une tout autre façon; elle se distingue d'abord de la précédente, en ce sens qu'elle ne porte pas de coiffure si ce n'est des branches de buis ou des fleurs naturelles. De longues tresses noires en poil de chèvre sont attachées à ses cheveux, ces tresses descendent jusqu'aux talons et sont surchargées d'une foule de petites pièces de monnaie blanches disposées en écailles; ces pièces sont d'anciennes monnaies russes, bavaroises, polonaises, turques, autrichiennes, nous en avons reconnu d'espagnoles datant de deux siècles. Tout cela forme la dot de la jeune fille; la fille pauvre met des boutons blancs à la place des monnaies. Au cou et aux poignets elle porte des bracelets massifs en cuivre.

Aux doigts elle porte aussi de grosses bagues de même métal.

Dans les villes la mode européenne commence à paraître; seulement elle arrive dans ces parages en retard de plusieurs années sur celle de Paris; cependant on trouve encore beaucoup de dames aisées qui portent sur la tête un fez rouge couvert de petites perles. Autour du fez s'enroulent les cheveux tressés. A la taille elles ont des casaques en velours de soie brodées d'or ou d'argent. La jupe n'a rien de remarquable. Les femmes bulgares des bords du Danube sont assez bien comme figure; celles des Balkans, notamment celles de la province de Sofia, sont laides, grossières, ont le teint coloré, les yeux petits, les cheveux châtains et rares, la face large et osseuse.

Les fiançailles et le mariage de deux jeunes gens de la campagne se font d'une manière très curieuse et qui doit remonter, comme plusieurs autres coutumes, aux temps barbares de leurs anciens rois.

Lorsque la main d'une jeune fille a été demandée par quelque paysan bulgare, on célèbre immédiatement les fiançailles, et voici comment l'on procède :

Le jeune homme s'habille le mieux qu'il peut; son

bonnet de fourrure est garni d'une guirlande de fleurs, une autre guirlande est placée en bandoulière, ses pieds sont chaussés d'*opintzi* neuves en peau de buffle bien ficelées autour des jambes; celles-ci sont recouvertes d'un pantalon en gros drap blanc; la vareuse, en drap brun, est brodée avec du fil rouge et blanc; attifé de la sorte et accompagné par ses camarades d'enfance, il se rend sur la place de l'église. Là, sur un des côtés, se trouvent réunis les parents de la jeune fille. Au milieu d'eux est le *papas* ou curé du village; la fiancée, au contraire, est toute seule au milieu de la place, elle attend son futur; le costume de la jeune fille est des plus curieuses : habillée comme nous l'avons dit déjà, elle met en outre un grand filet en fil de chèvre, qui l'enveloppe tout entière. Le visage est couvert par un autre filet garni à chaque maille par une petite pièce d'argent ou un bouton blanc; sur le haut de la tête, il y a un véritable buisson de branches de buis; des fleurs rouges et blanches sont placées dans le feuillage.

Lorsque le futur paraît sur la place, il s'arrête, ses amis se retirent et vont rejoindre les parents des jeunes gens. Immédiatement alors commence une cérémonie bizarre et longue. La jeune fille, s'avançant précipitamment au-devant de son futur mari, lui prend une des mains et la met sur sa tête, elle la laisse retomber et la salue en se courbant devant elle lentement et cérémonieusement; elle fait de même pour l'autre main, les jambes, les pieds et les autres parties du corps. Cette cérémonie dure environ une heure; lorsqu'elle est finie, la jeune fille se retire vers ses parents et revient présenter au futur une écuelle de lait ou *Kaïmak*. La cérémonie est alors achevée, les deux fiancés se retirent et c'est à l'église que l'union se fait. A la sortie le cortège défile : en tête se trouvent deux musiciens tziganes, l'un joue la grosse caisse, l'autre une espèce de flageolet ; les parents ont chacun une petite corbeille remplie de *cgiker* (sucreries) où chacun peut puiser. Ce n'est qu'à la sortie de l'église que la mariée retire le filet qui avait recouvert son visage jusqu'alors.

Les Bulgares sont très religieux : dans chaque ménage, il y a une petite niche en bois affectant grossièrement la forme des tabernacles d'autel ; dans cette niche est placée l'image grossière d'un saint; c'est ordinairement saint Georges, saint Dimitri ou saint Nicolas. Tous les dimanches, on place un petit vase en terre ou en bois rempli de graisse liquide où brûle une mèche de coton.

Les plus grandes fêtes célébrées par les Bulgares sont la Pâques et la Saint-Dimitri; mais les fêtes ordinaires sont si nombreuses qu'elles constituent une véritable calamité à cause du chômage forcé.

En été, les Bulgares font des provisions pour l'hiver: ces provisions consistent en poireaux, choux et piments, qu'ils empilent dans des caisses et des pots, et qu'ils assaisonnent comme la choucroute. Dans les jours de fête, ces légumes sont leur régal ; quel-quefois, à Pâques ou à la Saint-Dimitri, ils mangent du pilaf, riz cuit avec quelques morceaux de mouton, et la *tchorba*, sorte de soupe de volaille.

Leur pain est très noir ; les moulins étant des plus primitifs, le blé est à peine émondé et écrasé ensuite sous des meules grossières ; aussi y a-t-il dans leur pain autant de pailles et de son que de farine.

Tout ce que nous venons de dire concerne seulement les paysans bulgares ou *schops*. Ceux des villes et notamment, les Bulgares de la Roumélie s'habillent et vivent aujourd'hui à peu près comme les autres Européens. Nos modes pénètrent peu à peu en Bulgarie, et les mœurs primitives des habitants de ce pays tendent à disparaître.

Habitations. — Les villages bulgares sont composés de maisonnettes généralement basses, sans étages. Elles ont leurs montants en bois et les murailles sont faites avec des treillis de bois sec recouverts d'un enduit de terre argileuse et de paille. Le foyer seul est en briques ainsi que la cheminée. Le toit est en chaume. Les paysans pauvres occupent des huttes sans foyer ; la fumée passe par un large trou ménagé en haut de la hutte qui se termine en pyramide. Dans les deux cas, le sol durci remplace le plancher.

Les maisonnettes qui possèdent un petit étage sont faites dans les mêmes conditions, mais alors le toit est recouvert de tuiles très fragiles parce qu'elles ne sont pas cuites et il existe toujours un balcon des plus primitifs avec parapet en bois.

Dans les villes, les maisons des Bulgares sont presque toujours au fond d'un jardin ; c'est du reste la manière turque; les maisonnettes sont alors un peu plus soignées. Mais comme l'art de la menuiserie et de la ferronnerie est encore dans l'enfance dans ce pays, il en résulte que les portes et les fenêtres sont très mal faites. Les jointures du bois sont à peine chevillées et non collées; les boiseries sont minces et fragiles ; les vitres sont placées sans mastic, et dans des rainures en plein bois. En hiver, qui est très rude, l'air pénètre de tous les côtés, et l'on est obligé de coller du papier sur tous les joints.

Les ferrements, serrures, charnières et gonds sont primitifs, lourds et grossiers.

Actuellement, dans les villes, les choses se modifient un peu et les Bulgares aisés se plaisent à construire de petites maisonnettes, peu confortables encore pour des Européens, mais qui ont une certaine apparence, parce qu'elles sont construites en briques.

Religion et clergé. — Après la chute de l'Empire bulgare survenue en 1395, l'Eglise devint, de par la volonté des sultans, dépendante du patriarcat de Constantinople. De ce jour date l'antagonisme des Grecs et des Bulgares ; le clergé grec, qui avait accepté sans grande difficulté le régime turc, était soutenu par celui-ci ; on lui accorda de grands privilèges (1), mais dès la fin du xvi° siècle, les embarras d'argent obligèrent la Porte à mettre à l'encan, le siège patriarcal œcuménique de Constantinople. De 10,000 ducats (120,000 fr.) qu'il était dans le principe, le prix était monté, en 1864, à 25,000 (300,000 fr.). L'acheteur vendait alors pour rentrer dans ses fonds les évêchés au prix de 50,000 francs.

En Bulgarie tous les évêques étaient phanariotes grecs, car les Bulgares étaient trop pauvres pour se payer ce luxe. Ces évêques à leur tour, pour rentrer dans leurs débours, vendaient les cures aux *papas* (prêtres bulgares) par dix ou vingt à la fois, que ceux-ci rétrocédaient avec bénéfice ; les curés, à leur tour, se rattrapaient sur leurs ouailles. C'étaient, en somme, les pauvres raïas chrétiens, aussi bien grecs que bulgares, qui payaient cette ignoble simonie. Le clergé phanariote avait, en outre, introduit la langue grecque dans l'église, l'école et les familles de la Bulgarie.

De littérature ancienne bulgare, il n'en existait plus, tout était grécisé, et il est certain que si au lieu de regarder les Bulgares comme une race inférieure, si au lieu de brûler par plaisir, comme le fit l'évêque métropolitain grec de Tirnovo, les documents relatifs à l'ancienne histoire bulgare, le clergé phanariote s'était montré ce qu'il aurait dû être, on ne peut douter que l'hellénisme aurait été la grande pensée de tous les peuples balkaniens. Ce clergé, pourri de vices, fomentait des dissensions entre époux, afin de pouvoir par des procès entre eux soutirer de gros bénéfices ; il luttait enfin d'habileté avec les pachas eux-mêmes dans l'art de tondre les paysans.

La Bulgarie qui à tout prix ne voulait plus dépendre du Phanar, chercha à se rapprocher de Rome. Au Vatican on crut voir le rêve de l'union de l'Église latine et grecque se réaliser. Un prélat fut, en 1848, envoyé de Rome par Pie IX, mais on ne put s'entendre. La Russie ne pouvait rester indifférente dans cette affaire, elle ne pouvait se résoudre à voir cinq millions de Bulgares passer sous la prépondérance française, en sa qualité de protectrice des intérêts catholiques en Orient ; de son côté l'Angleterre, qui a toujours cru de son devoir de contrecarrer partout où elle le pouvait la politique extérieure de la France, se joignit à la Russie, représentée à Constantinople, à cette époque, par l'habile général Ignatieff pour faire échouer la mission du prélat romain et elle y réussit.

Enfin en 1869, grâce aux démarches et à l'ascendant exercé à Constantinople par le général Ignatieff, un firman (décret) du sultan accorda aux Bulgares l'autonomie de leur Église, organisée en exarchat, sous la primauté purement nominale du Saint-Siège œcuménique de Constantinople. Le premier exarque confirmé dans sa dignité par la Porte fut M. Anthimos, évêque de Widine.

Composition du clergé bulgare. — L'exarque, chef de l'Église bulgare, réside à Constantinople. Il est nommé par les évêques constituant le Saint-Synode. Les évêques sont au nombre de six et résident à Sofia, Routschouk, Widine, Loftscha, Varna et Tirnova. Ils sont présentés par l'exarque et élus par les diocésains. Ils touchent une somme annuelle de 6,000 francs. Les papas (curés) sont nommés par les évêques et quoique une loi leur ait attribué des appointements ils ne les touchent pas. Le papas bulgare, sans avoir les vices du clergé grec, manque absolument d'instruction et de dignité ; il boit, fume et ne se refuse pas à aller chez le *bakal* (cabaretier) avec ses ouailles, boire du *raki* (eau-de-vie) ; en somme, sa position n'est pas mauvaise, car avec les cent soixante jours de fête que comporte le calendrier bulgare, il reçoit des fidèles en argent et en nature de quoi subvenir à ses besoins et au delà. Il y en a qui possèdent des terres qu'ils cultivent ou font cultiver et parfois pratiquent l'usure en usage dans le pays. On doit pourtant reconnaître que depuis 1878 les papas, notamment ceux des villes, sont un peu moins sales, et ne passent plus leur journée au cabaret, quoiqu'il soit bien difficile d'extirper ce vice d'ivrognerie, dont ils sont tous plus ou moins atteints. Actuellement les papas sortent du séminaire de Samakof et de celui de Tirnova, et le clergé bulgare ne se recrutera plus dorénavant que dans deux établissements.

Le papas peut se marier, mais l'évêque doit être célibataire. Les évêques sont souvent recrutés parmi les hégoumènes des couvents, et Dieu sait s'il en existe en Bulgarie de ces établissements d'hommes et de femmes buvant bien et mangeant de même. Paresseux, ivrogne, le moine bulgare est d'une ignorance complète et d'une saleté repoussante. Il ne déploie d'intelligence que pour exploiter la crédulité des pauvres villageois. Parmi ces établissements, le plus important est sans contredit celui du mont Rilo, lieu sacré qui, seul, a conservé les anciennes traditions écrites de l'ancienne Bulgarie. Ce monastère attire tous les ans des milliers de fidèles qui, moyennant finances, y trouvent gîte et miracles.

Fêtes religieuses et superstitions. — Aucune religion n'est aussi exigeante que l'Orthodoxie. Pendant une année il y a, y compris les dimanches, cent soixante fêtes où le travail est interdit, sans compter un jour par semaine où les femmes se rendent au cimetière pour donner à manger et à boire à leurs morts, en introduisant des aliments par un tuyau en poterie qui communique avec le cercueil, après les avoir préalablement fait bénir par le papas qui prélève toujours sa part. Le papas va à Pâques bénir les maisons. Quelquefois un villageois ou une femme fait un vœu ; s'il est exaucé, on invite les proches à faire une collation ; le papas ne manque jamais d'être de la partie. Par exemple, on le tient

---

absolument éloigné des affaires de la commune ; à lui le spirituel mais rien du temporel.

Le Bulgare a sa façon de comprendre la religion ; il n'est pas fanatique, mais il considère la religion comme une partie de la patrie et partie intégrante ; mais comme il est très positif et avare, il ne fait pas de dépenses pour embellir ses églises dont l'intérieur est loin de ressembler aux pompeuses églises catholiques. Chez lui, quelques images grossièrement peintes qui représentent tantôt saint Georges, tantôt saint Nicolas, quelquefois saint Dimitri. Mais avant tout, l'image de *Sveta Bogoroditza* (Sainte Vierge) ou *Sveta Troïtsa* (Sainte-Trinité), dont le culte est l'objet de la plus grande vénération.

A la Saint-Georges *(Sveto. Yorghi)* l'on immole des agneaux, toujours après les avoir fait bénir par le papas qui en prend une cuisse et dont les peaux appartiennent à l'évêque. Si l'on considère qu'il y a dans l'année vingt-six semaines de carême où le Bulgare, notamment pendant les quarante jours qui précèdent Pâques, non seulement ne peut manger des aliments gras, même des œufs, mais ne peut s'approcher de sa femme, on aura une idée de l'exigence de cette religion qui considère Moïse comme un saint bulgare et est adoré comme tel.

Les sorciers et les vampires jouent un grand rôle dans les croyances bulgares. C'est la sorcière *(Baba)* qui accouche la femme bulgare et, pour la préserver du diable, la frotte de sel, lui fait des fumigations, met de l'ail et des oignons rouges dans son oreiller. Après l'accouchement, la sorcière promène la mère et le nouveau-né trois fois autour d'un feu de paille ; elle peint une croix rouge sur la porte pour effrayer le démon, suspend un morceau de fer et n'oublie pas de verser de l'eau dans les souliers de l'accouchée pour qu'elle ait beaucoup de lait. C'est la sorcière qui guérit toutes les maladies et dans ses remèdes les oignons jouent un grand rôle. Elle vend des talismans (*marafets*) qu'on porte au cou ; il y en a pour toutes les maladies et même pour se faire aimer des jeunes filles et réciproquement. Lorsque le Bulgare est près de mourir, s'il en a la force, il marchande avec le prêtre les frais de son enterrement et à sa mort on retourne immédiatement tous les vases de la maison.

Dans l'esprit des Bulgares, les forêts sont peuplées de fées et d'animaux enchantés. Ils leur attribuent tous les maux, et c'est pour s'en préserver qu'ils achètent des *marafets* (talismans).

Pour se débarrasser d'un vampire, on ouvre la tombe de celui qu'on croit en être un, on le crible de coups de pistolet, puis on piétine vigoureusement la terre qu'on jette sur lui. Mais le meilleur moyen consiste à se cacher dans l'endroit où il doit passer ; on lui présente alors une image sainte qui le fait fuir, ou bien on le force de se réfugier dans une bouteille qu'on bouche immédiatement avec un bouchon béni ; la bouteille est jetée après dans un feu d'épines.

Sur les haies des fermes, les Bulgares placent des crânes de chevaux, afin d'y attirer les démons, qui, venant de reposer sur ces sièges, ne songent plus à franchir la palissade. Les vieilles femmes sont soupçonnées de se transformer après leur mort en papillons rouges qui viennent sucer le sang des jeunes enfants. Aussi fait-on à ces papillons une chasse sans pitié. Il y a aussi une fée des fontaines, qui prend toutes sortes de déguisements, et qui apparaît aux jeunes hommes sous la figure d'une femme admirablement belle, mais dont les baisers donnent la mort.

Il faut reconnaître que le clergé n'a rien fait pour détruire ces superstitions. Quant aux moines, hommes ou femmes, ils sont eux-mêmes des modèles d'ignorance et de superstition, et n'ont garde de combattre ces croyances qui font admirablement leurs affaires, en ce sens qu'il sont très souvent appelés à exorciser et à chasser les diables et les *vila* (fées) malfaisantes.

V

ADMINISTRATION ET FINANCES

Tribunaux. — Dans les villages le maire assisté de deux conseillers municipaux tient, le dimanche, un tribunal de conciliation ; il peut frapper d'amendes légères pour contravention aux règlements locaux. Les parties peuvent en appeler à la justice de paix du canton *Irovoj-Soud)* qui connaît jusqu'à la somme de 1,000 francs Le tribunal de 1re instance *(Gradjanski-Soud)* juge au civil et a une section pour les délits correctionnels. Au criminel, la cour est composée d'un président, quatre assesseurs et un jury composé de notables élus à cet effet.

Chaque sous-préfecture a son tribunal de 1re instance. La Cour d'appel casse ou confirme tous les arrêts rendus et la Cour de cassation qui siège à Sofia juge en dernier ressort.

Dans chaque chef-lieu de préfecture, il y a un tribunal de commerce *(Tirgovist)*.

Municipalités et impôts. — Les maires, adjoints, et les conseillers municipaux des villes et villages, sont nommés au scrutin par les habitants et pour une année. Le maire (kmet) tient un registre des récoltes faites par l'habitant de son village, et inscrit les têtes de bétail pour établir la quote-part de l'impôt. Le cadastre n'existant pas encore en Bulgarie, on comprend que ce mode de répartition est préjudiciable au Trésor d'autant plus que le maire, qui veut assurer sa réélection, avantage certains administrés au détriment des autres.

Instruction publique. — Elle n'est pas encore développée en Bulgarie. Il y a bien dans presque tous les villages de petites écoles, mais ce qu'on y apprend est encore rudimentaire. C'est l'instruction primaire qui marque le degré supérieur de l'instruction dans les écoles bulgares. Ceux qui veulent une éducation plus soignée, se rendent en Russie, en Autriche, en France ou à Constantinople.

Tout récemment on a fondé à Baly-Effendi, village situé près de Sofia, une école des arts et métiers, où l'on apprend plutôt les métiers que les arts. C'est procéder avec méthode ; en effet, il importe de former au plus vite de bons ouvriers maçons, charpentiers, menuisiers, forgerons qui n'ont pu, jusqu'à présent, faire que des ouvrages très grossiers.

Les Bulgares qui sont, chez eux, réputés les plus instruits, sont ceux qui sortent des écoles de France, de Paris principalement.

Armée bulgare. — Tout Bulgare est soldat dès l'âge de vingt ans, à quelque religion qu'il appartienne. Le service militaire est de deux années dans l'infanterie, et de trois dans la cavalerie, l'artillerie et les corps spéciaux. Après ce temps, le soldat bulgare passe dans la réserve jusqu'à l'âge de trente ans, et fait partie de la milice territoriale jusqu'à quarante ans.

La *Voiska* ou armée bulgare (Bulgarie nord) se compose de :

12 régiments *(Polk)* d'infanterie à 3 bataillons *(Drouginas)* chacun ;

1 escadron *(Sotnia)* de cavalerie de la garde ;

3 régiments de cavalerie à 4 escadrons ;

3 régiments d'artillerie à 6 batteries ;

1 compagnie *(Schetnia)* d'artillerie à pied ;

1 bataillon du génie à 5 compagnies ;

1 compagnie de pionniers ;

1 bataillon de gendarmes ;

Services administratifs et sanitaires.

Les bataillons sont de 800 hommes. Le chiffre total de l'armée active est actuellement de 52,000 hommes. Cependant, en temps de paix, les effectifs de chaque arme sont considérablement réduits ; dans ces conditions l'armée est appelée permanente.

La réserve ou *opoltchenié* se compose d'environ 80,000 hommes ; elle se divise en compagnies *(schetnia)* recrutées dans les communes et qui gardent leur autonomie. Les officiers de la réserve sont élus par les soldats de chaque compagnie ; ils sont généralement choisis parmi les anciens sous-officiers et caporaux ; bien souvent aussi les soldats des schetnia choisissent leurs officiers parmi les voïvodes ou chefs de bandes du temps de la domination turque.

D'après un projet de réorganisation, récemment soumis à la *Sobranié*, mais qui n'est pas encore voté, le nombre des régiments d'infanterie sera porté de 12 à 24, à 2 bataillons de 1,600 hommes. De cette façon l'effectif de l'armée active s'élèvera à 76,800 hommes de toutes armes.

L'armée bulgare a été formée et instruite par les officiers russes, aussitôt l'émancipation de la Bulgarie. Une école militaire a été créée à Sofia et contient environ 200 élèves de nationalité bulgare. Ces élèves

nt destinés à occuper les emplois d'officiers subal-
rnes de l'armée.

Au début de la guerre contre la Serbie, les officiers
usses ayant été tous rappelés par l'Empereur, le prince
lexandre s'est vu dans la nécessité de confier le com-
andement des régiments et des drouginas aux jeunes
eutenants et capitaines de l'école de Sofia. On sait
ue ces officiers se comportèrent d'une façon brillante;
ur instruction, qui fait honneur aux officiers russes
urs instructeurs, jointe à la bravoure des troupes
ulgares, qui sont très solides, ont eu raison de l'armée
rbe qui date depuis plus de soixante ans et qui a
ujours joui, dans les Balkans, d'une certaine répu-
tion.

L'armée bulgare est constituée et disciplinée à la
usse; les soldats sont armés du fusil Berdan n° 2 et
s canons sortent de l'usine Krupp.

Marine et navigation sur le Danube. —

a marine de guerre bulgare est encore naissante; elle
st représentée actuellement par trois petits navires à
apeur garde-côtes. La marine marchande, représentée
ar plusieurs voiliers caboteurs, appartient presque
ute aux Grecs de Varna, de Bourgas et de Baltchik.
Sur le Danube, les navires qui font le service entre
alatz et Pesth appartiennent tous à la puissante Com-
agnie austro-hongroise et privilégiée du Danube.

Budget. —

Nous ne pouvons mieux faire, pour
onner une idée exacte de la situation financière en
ulgarie, que de donner la traduction exacte du projet
e loi déposé le 20 juin 1886 à la Chambre (Sobranié)
ar M. Petko Karaveloff, président du Conseil, ministre
es finances.

*emande de crédits en attendant la préparation du
budget définitif qui sera présenté en octobre 1886. —
Rapport à la Chambre sur le projet de loi concernant l'émission de Bons du Trésor.*

« L'Assemblée nationale a voté un crédit de 17 mil-
ons de francs, comme vous le savez, pour la cons-
ruction de la ligne du chemin de fer de Tzaribrod-
ofia-Vacarel. Le moment de la réalisation de ce
rojet est arrivé, d'après notre proposition; pourtant,
s travaux doivent commencer et continuer suivant
importance des sommes affectées qui seules garan-
ssent l'entreprise. En outre, aussitôt les conditions
xées par la convention de l'achat de la ligne de
Varna-Routschouk approuvées, le Trésor devra payer
es sommes suivantes :

» *a)* Suivant l'article 2 de cette conven-
ion un premier versement de . . . Fr.   6.000.000
» *b)* Pour intérêt et amortissement
usqu'à fin de 1886. . . . .   5.363.050

Total. . . . . Fr.   11.363.050

» Les derniers événements que le pays a traversés
ont occasionné des sacrifices et des frais énormes.
Pour faire face à ces sacrifices, le pays a dû songer
à des moyens extraordinaires de crédit, en ayant re-
cours au fonds de réserve du Trésor. En outre, alors
que nous tâchions de subvenir à ces besoins, survint
la nécessité de mobiliser l'armée et de faire les dépenses que cette opération nécessite. Ces frais ont de
plus en plus grevé le budget du Trésor. En outre, les
calculs faits sur le rendement de l'impôt foncier ne se
sont plus réalisés après la date du 6 septembre 1886.
C'est là que gisent les causes de l'état de choses actuel.
Pour vous donner une idée de la vraie situation du
Trésor au 19 juillet de l'année courante, nous n'avons
pas cru superflu de joindre à la présente un tableau
indiquant, d'une part, les ressources dont le Trésor
dispose jusqu'au 1er juin 1886, et, d'autre part, les
dettes de ce département jusqu'à cette même date,
pour lesquelles le budget 1886 ne comprend pas de
crédit.

CRÉDIT.

1. *a).* A percevoir en Bulgarie septentrionale.Fr.	16.949.931 62
b). A percevoir de l'impôt foncier et de la patente de l'année 1885.	4.500.000 »
2. A percevoir en Bulgarie méridionale jusqu'au 1er mars 1886	9.045.592 23
3. Effectif en caisse au 1er juin	2.201.826 72
4. Emprunt à court terme destiné à l'achat de terrains de fermes.	800.000 »
5. Emprunt de 1879 de la Caisse d'agriculture de la Bulgarie méridionale (Roumélie).	239.293 30
6. Emprunt de la municipalité de Philippopoli .	222.128 11
7. Emprunt des Caisses d'agriculture de Tirnova, Plevna et Widine en 1883	50.500 »
8. Emprunt conformément à la décision minis-térielle de 1881	760.640 22
9. Emprunt de 1882, destiné à l'entretien du palais de Routschouk et du cabinet politique . .	133.680 99
10. Capital de la Banque Nationale bulgare . .	6.165.341 80
Total. . . . . .Fr.	41.068.934 19

DÉBIT.

1. Dû par ci-devant Roumélie orientale à la Banque impériale Ottomane jusqu'au 1er mars 1886, etc. (liv. t. : 127,175.37).	3.052.222 80
2. Dû par ci-devant Roumélie orientale à la Sublime Porte au 1er mars 1886, do (liv. t. : 92,000)	2.220.000 »
3. Dû à la Russie pour la durée de l'occupation	2.100.000 »
4. Dû à la Compagnie des Chemins de fer de la Bulgarie méridionale pour le transport des soldats pendant la guerre.	1.300.000 »
5. Dû à plusieurs maisons de commerce et groupes de commerçants pour commandes du Mi-nistère de la guerre payables selon l'article 32 du crédit extraordinaire.	813.361 »
6. Dépenses ne figurant pas dans le budget 1885 du Ministère de la guerre, représentant des com-mandes de vêtements pour les soldats et rembour-sables sur le crédit extraordinaire.	392.830 »
7. Dû par le Ministère de la guerre pour four-nitures de guerre telles que cartouches, poudres.	711.500 »
8. Sommes à payer du chef de la réquisite faite dans les deux Bulgaries.	10.027.138 13
Total. . . . . .Fr.	20.617.051 93
Reste pour le compte de fonds de réserve . .	20.451.883 06
Total. . . . . .Fr.	41.068.934 99

» Il est facile de constater, d'après ce tableau, que le Trésor a eu assez de ressources à sa disposition pour faire face pendant les dix derniers mois à tous les frais ordinaires et extraordinaires.

» De fortes raisons nous imposent l'obligation de ne pas toucher aux fonds de réserve. D'autre part, le désir de voir progresser l'industrie et le commerce dans notre pays nous défend de porter atteinte au capital de la Banque Nationale, dont l'affectation est tout autre, en vertu du règlement *ad hoc*.

» Bien au contraire, ce même désir nous engage à majorer ce capital d'une somme de 10,000,000 de francs, prise sur les fonds du Trésor.

» En même temps, l'expérience a démontré l'impossibilité d'encaisser à temps le reste de l'impôt foncier, lequel est destiné à l'achat de la ligne Varna-Roustchouk et à la construction de la nouvelle ligne Tzaribrod-Sofia-Vacarel.

» En conséquence, nous sommes persuadés qu'il faut recourir à un emprunt immédiat, pour lequel nous avons l'honneur de présenter à l'honorable Assemblée nationale un projet dont l'acceptation donnera, croyons-nous, un développement sensible aux progrès de la Patrie. Quant aux questions se rattachant à la manière de contracter cet emprunt, elles sont clairement expliquées dans le projet de loi à vous soumis. En outre, nous croyons à propos de vous faire remarquer que, par le fait de l'autorisation du Ministère des Finances d'émettre des Bons du Trésor, les articles 7, 8, 9 et 10 de la loi sur la construction de la ligne du chemin de fer de Tzaribrod-Sofia-Vacarel seront nuls. Il sera donc nécessaire de faire payer par le Trésor et la Caisse de réserve la somme de 616,829 fr. 58 c., dépensée par la Commission technique chargée de l'examen de cette ligne. »

Projet de loi pour l'émission des Bons du Trésor.

« ARTICLE PREMIER — Il est arrêté que le Ministère des Finances mettra en circulation de 1886 à 1887 des Bons du Trésor pour une somme de 30 millions de francs au maximum pour faire face aux nécessités suivantes :

» *a)* Pour la construction de la ligne Tzaribrod-Sofia-Vacarel (conformément à la loi du 31 janvier 1885). . . . . Fr. 17 000.000

» *b)* Somme à payer à valoir sur le prix d'achat de la ligne Varna-Roustchouk. 6.000.000

» *c)* Intérêts et amortissement à servir jusqu'à fin 1886 sur le reste du prix d'achat 5.563.050

» ART. 2. — Les Bons du Trésor ayant un prix nominal seront émis au fur et à mesure des besoins du Gouvernement dans un délai moindre qu'une année.

» ART. 3. — Le Ministère des Finances, tout en maintenant les intérêts du Trésor, devra décider et faire connaître le mode d'émission et le service des intérêts de ces Bons. Le Conseil des Ministres aura à statuer sur ce point qui devra être sanctionné par Son Altesse.

» ART. 4. — Les frais d'émission et les intérêts de ces Bons seront payés par le Trésor et portés au Budget de 1886 ou 1887, selon qu'ils sont effectués dans la première ou dans la seconde année.

» ART. 5. — Le Ministère des Finances devra rendre compte à l'Assemblée nationale de toutes ces opérations relatives à l'émission de ces Bons.

» ART. 6. — Les articles 7, 8, 9 et 10 de la loi sur la construction de la ligne du chemin de fer de Tzaribrod-Sofia-Vacarel seront remplacés aussitôt que la présente loi entrera en vigueur. »

Le 30 septembre 1886, le *Journal officiel* de Sofia nous apportait le projet de budget pour l'exercice 1887. Voici les chiffres principaux :

Recettes . . . . 46.360.758 lefs ou francs.
Dépenses. . . . 48.409.237 —

Les dépenses se répartissent comme suit :

	Lefs ou francs.
Gouvernement	1.529.092
Dette publique	2.239.898
Ministère des Finances	10.348.676
— de l'Intérieur	6.742.480
— des Affaires étrangères	3.540.665
— de l'Instruction publique	2.314.355
— de la Justice	3.486.722
— de la Guerre	18.207.349
Total . . . . . Lefs ou francs.	48.409.237

Budget de la Roumélie Orientale ou Bulgarie du Sud. — Annexé par ordre au budget des recettes et des dépenses de la principauté de Bulgarie (du 1er mars au 31 décembre 1886).

RECETTES.

	Lefs ou francs.
Contributions directes	8.625.000
— indirectes	4.206.016
Recettes éventuelles	270.000
Total de recettes. . . . Lefs ou francs.	13.101.016

DÉPENSES.

	Lefs ou francs.
Pouvoir central	265.160
Dettes de l'État	13.575
Ministère des Finances et direction des Travaux publics	3.265.527
Ministère de l'Intérieur	1.450.090
— des Affaires étrangères, culte, postes et télégraphes	576.074
Ministère de l'Instruction publique	689.851
— de la Justice	755 487
— de la Guerre	5.926.019
Total des dépenses. . . . . Lefs ou francs.	12.941.783
Excédents des recettes	159.233
Total . . . . Lefs ou francs.	13.101.016

Approuvé : ALEXANDRE.

Contresigné : P. KARAVÉLOFF.

Part de la dette ottomane. — Le traité de Berlin a stipulé que les divers États, qui ont acquis des territoires ottomans ou qui se sont émancipés, auraient à supporter une part de la dette extérieure de l'Empire. Diverses évaluations ont été faites suivant l'importance des territoires acquis par chaque Etat. Nous donnons ci-après les chiffres pour chaque Etat, fixés par la Porte et ceux acceptés par les puissances :

	Évaluations turques.	Évaluations européennes.
Grèce. . . . . Liv. t.	2.130.000	528.000
Serbie.	2.107.000	552.000
Monténégro	98.000	24.000
Bulgarie.	9.896.000	2.453.000

La Roumélie devait payer un tribut annuel, que nous préciserons plus loin.

Aucun des quatre États n'a payé encore un centime de la dette reconnue par l'Europe et par le traité de Berlin. Ces sommes sont trop fortes pour le budget de ces pays.

Capitulations. — Le régime des *Capitulations* qui lie la Turquie aux puissances chrétiennes, existe encore en Bulgarie et en Roumélie, puisque celles-ci sont encore tributaires de la Porte. Grâce à ces traités, les étrangers résidant en Bulgarie relèvent directement de leur consul. Ils sont justiciables de leurs tribunaux consulaires qui sont présidés par les consuls, assistés par deux juges choisis parmi leurs nationaux qui habitent le pays.

Lorsque deux étrangers de nationalités différentes sont en contestation, leur différend est jugé par le tribunal consulaire de qui relève le défendeur. Le demandeur est assisté par le drogman de son consulat. Entre étrangers de même nationalité, c'est leur tribunal consulaire qui juge. Entre un étranger et un indigène, c'est le tribunal du pays qui juge si c'est l'indigène qui est défendeur, mais dans ce cas le consul intervient.

On peut faire appel des jugements consulaires. En France c'est la Cour d'Aix qui examine et juge en dernier ressort.

Les Bulgares font tout leur possible pour se soustraire aux capitulations; ils se sentent toujours sous la tutelle des puissances, tant que ces capitulations existeront. Mais ils n'ont pas donné assez de preuves d'esprit conciliant pour que les puissances songent à renoncer aux bénéfices des capitulations.

La défiance des Bulgares à l'égard des étrangers se manifeste toutes les fois que ceux-ci songent à installer des industries ou à soumissionner aux travaux publics. Ainsi pour être déclaré adjudicataire, il faut être Bulgare; de cette façon celui-ci seul a affaire avec l'administration du pays et celle-ci ne reconnaît que lui, de sorte qu'en ce moment que les travaux s'exécutent partout dans le pays, on voit des aubergistes, des maîtres d'école, des épiciers, à la tête des sociétés de construction dirigées en réalité par des étrangers.

Cette défiance ne peut que nuire au gouvernement bulgare ; elle retarde le jour de l'abolition des capitulations et ne soustrait pas le gouvernement aux engagements qui le lient avec les Sociétés étrangères qui ont pour prête-noms des Bulgares.

VI

PRODUITS DU PAYS, INDUSTRIE ET COMMERCE

Maïs. — Au premier rang des productions il faut placer le maïs, qui permet la culture dérobée des melons, pastèques et tous les cucurbitacées. Dans l'alimentation le maïs tient le premier rang, et sa non-résusite est une vraie calamité; on le mange sous to tes les formes, grillé, sous la cendre, en farine sous forme d'une espèce de *polenta*.

Blés et avoines. — Les blés, les avoines viennent très bien partout, mais mêlés avec de mauvaises herbes, car on n'est pas arrivé à nettoyer les champs comme on le fait si facilement ailleurs. Les céréales sont achetées, en grande partie, par des maisons grecques de Marseille et d'Italie, qui en prennent livraison aux différentes échelles du Danube, ou de la mer Noire, où elles sont embarquées sur des voiliers frétés à cet effet.

Prairies. — On étonne beaucoup un paysan bulgare quand on lui dit qu'on ensemence les prairies ; il remercie le Ciel qui veut bien se charger de ce soin, chez lui, où les prairies viennent toutes seules ; mais aussi les herbes sont fort mélangées ! A peine fait-on deux coupes par année, encore la première a-t-elle à peine 50 centimètres de hauteur ; quant à la deuxième elle est presque nulle, et on l'abandonne généralement aux bestiaux. On ne se donne pas la peine d'irriguer. Aussi le malheureux bétail, n'ayant l'hiver à manger que des feuilles, et encore pas autant qu'il lui en faudrait, est-il dans un état pitoyable, et si l'hiver est plus long que d'habitude, la mortalité fait de larges vides dans ses rangs, sans pour cela qu'il soit rien changé aux habitudes, le paysan bulgare ayant un peu, sous le rapport du fatalisme, du sang turc dans les veines.

Tabac. — Dans les districts de Kustendil et de Doubnitza, on cultive avec succès le tabac.

Vignes. — Dans le Balkan central, Plevna, Selvi, Tirnova, Lovatz, Sistova, Rahova, les terrains sont couverts de vignes et produisent des vins de très bonne qualité, mais absolument mal fabriqués.

Troupeaux. — Les grands troupeaux de moutons, de chèvres, donnent lieu à d'importantes transactions en laines et peaux.

Soie. — La soie est de bonne qualité dans le Balkan central (Tirnova et environs), et est vendue à des commissionnaires italiens, qui tous les ans viennent l'acheter ; on la leur livre filée.

Miel. — L'éducation des abeilles fournit un bon miel, mais la cire est toujours malpropre.

Fromages. — Le lait des chèvres et moutons des Balkans sert à fabriquer le fromage cuit, appelé en turc *kaskaval*, et dont on fait une si grande consommation en Turquie d'Asie et dans la péninsule. Le fromage blanc salé, *ciréné* en bulgare, mis en tonneaux, est expédié dans tout l'Orient ; le beurre est acheté pour l'armée turque, mais il est très médiocre.

Pommes de terre. — La pomme de terre, peu cultivée en Bulgarie, rendrait pourtant d'immenses services.

Fruits. — Les fruits les plus communs sont les prunes, avec lesquelles on fabrique le slivovitz (eau-de-vie de prunes) très appréciée des Bulgares. Les pommes, les poires, qui atteignent une belle grosseur,

sont à l'intérieur dures comme des pierres ; les Bulgares ne connaissent pas la greffe.

Prix des produits. — On doit comprendre que les prix des produits varient suivant les localités, c'est-à-dire suivant les distances qui séparent ces localités des ports d'embarquement.

Nous donnons les prix moyens des produits qui sont l'objet d'exportations assez importantes. Bien entendu, ces prix sont ceux qui sont faits par les producteurs et non ceux des courtiers.

En Bulgarie, pays primitif, il convient de faire les achats *directement*. Il y a des localités où quelques-uns des prix que nous donnons ci-après sont de beaucoup inférieurs.

Grandes peaux de mouton	la pièce. . Fr.	2 »	
Petites — —	—	1.60 et	1.80
Peaux de chevreau assorties	—	2.50	2.80
— d'agneau assorties	—	1.80	2.10
— de bœuf	— . . .	20 »	22 »
— de buffle	—	25 »	30 »
— de veau	— . . .	2.50	3 »
— d'ours	—	variable.	
— de renard	—	2 et 3 avec queue.	
Laine en suint	le kilogr. . . .	1.60 et	1.70
Cire vierge	—	1 »	
Miel	—	0.50	
Beurre	—	1.10	1.20
Soie filée à la machine	—	18 »	20 »
— à la main	—	30 »	32 »
Maïs	—	0.06	0.08
Blé	—	0.07	0.08
Avoine	—	0.07	
Vin	le litre et quelque fois l'oka. . . .	0.20	0.15

Mines. — Sous ce rapport, la Bulgarie n'est pas connue encore, et des études géologiques du pays restent encore à faire. On connaît jusqu'ici les mines de fer de Samakoff, exploitées depuis fort longtemps. Elles sont très mal exploitées, le fer est doux et très malléable.

On a découvert récemment des lignites abondants et assez bons dans le bassin de Sofia, à Moschino, à Pernik et à Vladaïa. D'autres lignites ont été trouvés aux environs de Plevna et à Travna. Ces derniers et ceux de Pernik sont exploités avec avantage.

Aux environs d'Elèna, il y a des filons de fer limoneux ; à Tchiprovatz, il existe une mine de plomb argentifère exploitée anciennement et qui est aujourd'hui abandonnée.

Animaux domestiques. — Les moutons existent en troupeaux assez nombreux sur tout le territoire bulgare. Là où ils sont en plus grand nombre, c'est à Tirnova, à Selvi, à Plevna, à Sofia, à Radomir, à Kustendil et le territoire de Widine.

La laine est fine, de longueur moyenne et assez propre.

Les bœufs sont en petit nombre ; ils sont de taille moyenne.

En revanche, il y a des buffles en grande quantité. Ces animaux servent aux transports et au labour. Les

Bulgares les attellent par le cou à leurs chariots. Leur pas est lent et lourd, mais ils sont infatigables. Cependant, en été, ces animaux souffrent de la chaleur et les Bulgares sont obligés de les arroser d'eau; lorsqu'ils arrivent dans un cours d'eau, les buffles s'y arrêtent et on est obligé de les piquer fortement pour les faire sortir.

Les poules et les canards abondent dans le pays et on en fait un commerce avec Constantinople, Bukarest et Odessa.

Les oies sont plus rares, les dindons moins.

Les chevaux bulgares sont généralement de petite taille et on les habitue à marcher l'amble; les meilleurs sont ceux des environs de Tirnova.

Les ânes sont peu nombreux ainsi que les mulets.

Les chèvres sont assez nombreuses dans la partie occidentale des Balkans et sur les pentes nord de ces montagnes.

Animaux sauvages. — Le loup est fréquent, mais il ne sort des montagnes que lorsqu'il est pressé par la faim. C'est le loup gris commun.

L'ours brun habite les hautes vallées des Balkans et des Rhodopes. Il vit tranquille dans sa sollitude et n'attaque pas l'homme, mais il devient méchant si on le chasse. Il semble appartenir à la même famille que celui des Carpathes.

Le renard abonde dans le pays et sa fourrure très estimée est relativement bon marché.

La martre et la loutre existent dans les cours d'eau supérieurs des Rhodopes et des Balkans, mais on ne les chasse pas, et c'est par hasard qu'on s'empare de ces animaux.

Le chat sauvage existe aussi.

Les lièvres sont très nombreux; ils ont pu se multiplier sous le régime turc; les Bulgares, ne pouvant pas avoir d'armes à feu, n'ont pu les chasser. Les lapins n'existent pas.

Les perdrix et les cailles abondent, ainsi que les canards sauvages.

Dans les plaines on trouve les perdrix grises, les rouges ne quittent pas les hauteurs.

Forêts. — La presqu'île des Balkans avant la conquête ottomane était couverte de forêts. Aussitôt les Turcs maîtres du territoire, le dépeuplement s'est opéré peu à peu. Les paysans chrétiens et musulmans abattaient sans discernement les plus belles pièces pour construire leurs maisons, qui sont toutes en bois, leurs chariots, les conduites d'eau qui ne sont que des troncs d'arbres que l'on creuse, et enfin pour le chauffage.

De réglementation dans les coupes, il n'en a jamais été question, et les conseils des fonctionnaires français, en mission en Turquie, restaient lettre morte. En ce qui concerne le reboisement, il est naturellement inutile d'en parler, car il aurait fallu dépenser de l'argent, et le Trésor ottoman, presque toujours à sec, ne s'est jamais ouvert pour des dépenses d'entretien ou dont les avantages n'étaient pas immédiats.

Il en est résulté à la fin un déboisement complet de tout ce vaste pays des Balkans. Seules, les parties peu accessibles sont restées ce qu'elles étaient et de belles forêts les couvrent encore. Mais elles ne sont pas suffisantes pour arrêter les eaux pluviales se précipitant avec force sur les flancs dénudés des montagnes; les eaux ravinent profondément les terres et occasionnent des éboulements. Les ruisseaux, les jours d'orage et pendant la saison des pluies, deviennent des torrents dangereux, et les petites rivières se gonflant démesurément sortent de leur lit, ravagent les abords et les couvrent de sable et de cailloux.

Les principales forêts de la Bulgarie se trouvent situées dans les territoires de Samakoff et de Doubnitza, sur les flancs nord du Balkan de Kosnitza, de Ghintzi et de Rodotchina, dans les environs de Berkovitza et de Vratza. Le Balkan central est presque complètement nu. Les principales essences sont : le sapin, le hêtre et le mélèze. Le chêne se trouve encore en assez grande quantité dans l'est, du côté de Tchaïkavak et de Pravadi et dans les montagnes d'Eléna.

L'administration bulgare fait les plus louables efforts pour remédier au mal résultant de la disparition des forêts.

Les coupes sont devenues régulières et le reboisement s'opère avec beaucoup d'activité.

Postes et télégraphes. — Le tarif des lettres dans l'intérieur de la Bulgarie et de la Roumélie est de 0 fr. 15 c. pour une lettre ne dépassant pas 15 grammes et de 0 fr. 25 c. pour la lettre de même poids à destination de l'étranger.

Le tarif des télégrammes est de 0 fr. 05 c. par mot à l'intérieur et de 0 fr. 32 par mot pour les télégrammes pour la France.

L'administration des *postes et télégraphes* a été organisée par deux inspecteurs français envoyés en mission sur la demande du gouvernement bulgare. Arrivés en 1879, M. Travers, pour les postes, et M. Leclerc, pour les télégraphes, ont organisé leurs services respectifs avec une compétence et une rapidité qui ont étonné les Bulgares. Aussi le service des postes et des télégraphes est certainement celui qui marche le mieux de ceux qui composent l'administration bulgare.

Calendrier bulgare. — Il est le même que celui en usage parmi les populations de religion orthodoxe. Il est par conséquent en retard de douze jours sur le calendrier grégorien en usage dans le reste de l'Europe.

Les noms des mois en bulgare sont : janvier, *januaria*; février, *februaria*; mars, *marta*; avril, *april*; mai, *maïa*; juin, *jonia*; juillet, *julia*; août, *argoste*;

septembre, *septimvria*; octobre, *octonvria*; novembre, *novimvria*; décembre, *dékimvria*.

Poids et mesures. — Le système décimal quoique officiellement reconnu en Bulgarie n'est pas encore en vigueur.

L'unité de poids est le *drem* égal à 3 gr. 20 environ. L'*oka* pour les poids élevés équivaut à 1,284 grammes soit, pour 100 kilogr, 78 okas.

Les blés, maïs et autres céréales se vendent à l'oka. Les liquides de même.

La mesure de superficie est le *denum*, figure de 40 pas sur chaque face ou 45 *archines*, et équivaut à environ 900 mètres carrés.

Les mesures de longueur sont : l'*archine* 0ᵐ67 et le *pic* 0ᵐ63.

Monnaies. — La Bulgarie faisant partie de l'Union latine a pour unité de valeur le *lef* (lion) ou franc. Les monnaies de billon sont les pièces de 10 et de 5 centimes qui sont considérées comme demi-piastre et quart de piastre, anciennes monnaies turques en bronze qui ont une valeur correspondante.

Les étrangers propriétaires. — Tout étranger peut, en Bulgarie, devenir propriétaire en se faisant reconnaître au moyen d'un contrat fait sur papier timbré et enregistré par le notaire. Il paie un impôt de 2 pour 1,000 selon l'estimation de son immeuble ; seulement celui-ci ne jouit pas du bénéfice des *Capitulations* ; il est soumis aux règlements locaux.

Il en est de même en Roumélie.

Industries du pays. — Il y a trop peu de temps que les Bulgares sont émancipés ; ce n'est pas dans l'espace de six ou sept ans qu'on peut créer, dans un pays où l'élément étranger est encore restreint et où la population est restée pendant près de cinq siècles sous l'oppression des Turcs, les industries qui lui font défaut.

Sous le régime ottoman, l'activité des Bulgares n'a pu se développer; ils se sont alors adonnés à l'agriculture, c'est-à-dire au labourage de la terre avec les instruments aratoires des plus simples et des plus primitifs.

L'industrie était délaissée à cause des exigences du fisc ottoman, qui est cause de la disparition de toutes les industries qui existaient en Turquie. Aussi les Bulgares se limitaient-ils à faire pour leurs besoins très limités les choses les plus indispensables. Avec des métiers rudimentaires et à la main, ils tissent des pièces de cotonnade avec des filés de coton anglais ou grecs de fort numéro. Ces cotonnades, larges de 35 à 40 centimètres, leur servent à confectionner leurs chemises et leurs habits d'été.

La laine est filée à la maison avec la *ourka* ou quenouille; elle est ensuite vendue aux rares fabricants qui en font du drap. Il y a peu de villes qui possèdent

des métiers perfectionnés comme il y en a en Europe. Cependant on commence à en introduire. Déjà on fabrique dans le pays un drap sans apprêt nommé *Tchaïak*, et qui est excellent. Il est blanc ou marron clair. C'est en Roumélie que l'on fait le plus de ce drap.

La passementerie à la turque est encore faite à la main ; les produits en sont excellents et dans le goût oriental.

L'industrie des cuirs imprimés se perd. C'étaient les Turcs qui s'y adonnaient. On trouve encore de ces industriels dans certaines villes de la Bulgarie et de la Roumélie où l'élément musulman est encore considérable.

Les tapis bulgares ont une réputation de solidité dans toute la presqu'île des Balkans. Cette industrie avait pour centre principal Pirot, qui fait partie de la Serbie depuis 1878. Mais il s'en fait encore à Berkovitza, à Tchiprovatz (1) et dans toute cette région. Ces tapis, très appréciés en Autriche et en Serbie, se vendent aujourd'hui assez cher, mais ils ont l'avantage d'être inusables.

Les autres industries, telles que la poterie, qui se fait principalement sur les rives du Danube ; la bijouterie de filigrane d'argent est encore primitive et ne présente que des particularités curieuses.

Ce que l'on fait le mieux en Bulgarie, ce sont les ustensiles de ménage en cuivre martelé. Comme la main-d'œuvre est peu élevée, les produits bulgares, bien faits, sont sans rivaux.

Il nous reste à mentionner une tannerie assez importante à Routschouk et une savonnerie à Sofia.

En somme, l'industrie bulgare est encore primitive et très peu développée.

Les riches minerais de fer de Samakoff sont traités de telle sorte que les scories contiennent encore 50 et 60 0/0 de métal (2).

Industries à créer. — D'après ce que nous venons de dire, on peut conclure que presque toutes les industries sont à créer en Bulgarie. Les principales, qui devraient être installées à Sofia, qui est une ville qui se transforme totalement, à Tirnova, à Widine, à Roustchouk, à Varna, à Schoumla, sont :

Les moulins à vapeur ou à chute d'eau ; les moulins bulgares produisent une farine très grossière. Il a été établi à Sofia, par un Français, M. Vaïsse, un moulin qui rend les plus grands services à la population de des environs.

Les fabriques de bougies ; la matière première se trouve en abondance et à bon marché dans toute la Bulgarie.

Les fabriques de savon.

Les briqueteries et les tuileries. — Celles-ci seraient

---

(1) Voir détails sur ces villes.
(2) Pour autres détails sur l'industrie locale, voir le chapitre : *Villes principales.*

d'une très grande utilité, car on consomme aujourd'hui
les quantités considérables de tuiles, de briques, de
carreaux pour les nombreuses maisons à l'européenne
que l'on construit partout dans le pays.

Les fours à chaux. — La chaux, qui peut être faite
dans le pays où le calcaire abonde, venait de l'étranger.
Une magnifique installation pour la fabrication de la
chaux ordinaire, chaux hydraulique et ciment a été
faite par un Français, M. Michal, à Pernik, petite
ville située à une vingtaine de kilomètres de Sofia.
La chaux de Pernik, analysée en France, a présenté
des qualités exceptionnelles et son usage se généralise
aujourd'hui dans tout le pays. Cette industrie, pleine
d'avenir, a été créée dans un moment très opportun
à cause de la mise en œuvre de nombreux travaux
en cours de construction et projetés.

Les tanneries et les installations pour le séchage
des peaux qui doivent être exportées. Par suite de la
défectuosité de ces installations, bon nombre de belles
peaux sont perdues. Il y aurait utilité à créer des
établissements perfectionnés pour les peaux. C'est à
Selvi, à Tirnova et à Varna que l'on devrait les
installer.

Les scieries mécaniques. — Le bois est débité, dans
les montagnes, par des scies verticales mues par la
force hydraulique. Mais, comme toujours, les installations sont défectueuses. Vu la grande consommation
de planches que l'on fait dans le pays, car il est
difficile d'y faire venir des bois coupés du dehors, il
y aurait avantage et urgence à faire des installations
plus perfectionnées sur les nombreux cours d'eau des
montagnes où il existe des forêts.

Les métiers à tisser. — Il en existe bien peu dans le
pays et nous avons dit qu'ils étaient primitifs. La
laine abonde; elle est bon marché; elle est aussi de
bonne qualité. Des tisserands feraient par conséquent
de bonnes affaires,

Les usines pour la quincaillerie et les clous. —
Celles-ci sont actuellement très rudimentaires. Une
bonne usine, qui s'installerait aux mines de Samakoff,
coulerait ses produits non seulement en Bulgarie,
mais aussi en Roumélie et dans presque toute la
Turquie d'Europe. Rien d'aussi avantageux qu'une
usine de cette nature.

Magnaneries. — Il y aurait à en installer aux environs de Tirnova, où l'on s'occupe de cette industrie,
mais imparfaitement.

Distilleries. — On consomme beaucoup d'alcool en
Bulgarie et les distilleries feraient de bonnes affaires.

Les manufactures de meubles. — Celles-ci font absolument défaut. L'on est obligé de se servir des meubles à la turque incommodes et grossiers, ou bien de
les faire venir d'Autriche; dans ce cas, ils arrivent à
coûter très cher.

Poudre et dynamite. — Une poudrière et une fabrique de dynamite feraient de bonnes affaires; la poudre
employée à Sofia et fabriquée en Serbie coûte 4 francs
le kilo; du reste, elle ne peut même plus, par ordre,

être introduite dans le pays. Sans mentionner les
grands travaux de chemins de fer au travers des
Balkans qui se préparent, sans compter les besoins du
gouvernement bulgare, qui serait tout disposé à
accorder une concession, ce besoin de poudre se fait
absolument sentir.

Fabrication des vins. — Une autre industrie, qui
nécessiterait d'assez grands capitaux, serait le commerce
des vins dans les pays de production. Les vignerons
bulgares ne savent absolument pas fabriquer le vin,
ni non plus le soigner. Plus d'un million de litres
est vendu pour Sofia et les environs. Au moment de
la vendange, il se vend 0 fr. 10 c. le litre et est
vendu mélangé. En juillet, août, septembre, le vin
bulgare, mal préparé, n'est plus buvable et on se
ressent de cette situation. Il y aurait là, pour un
viticulteur habile, une véritable fortune à faire. Les
vins sont de très bonne qualité, et quelques achats
ont déjà été faits pour des maisons françaises.

Noir d'os. — Une autre industrie qui pourrait s'implanter en Bulgarie, c'est une fabrique de noir d'os.
En Bulgarie, les os se donnent pour rien, c'est-à-dire
qu'on les jette.

Papeterie. — Une papeterie serait nécessaire. Tous
les articles papier viennent d'Autriche. Nous ne voyons
pas pour le moment d'autres industries à indiquer.

Prix de la main-d'œuvre. — Les Bulgares
sont ordinairement tailleurs, cordonniers et perru-
quiers, car à peine ceux des villes ont-ils quelque
argent qu'ils s'empressent d'ouvrir un petit café où ils
font aussi la barbe.

Les professions de maçons, charpentiers, manœuvres sont tenues par les Macédoniens-Zinzares. Les
forgerons sont bulgares mais surtout tziganes. Le
prix de la journée de quatorze heures en été et de
neuf en hiver est, pour ces dernières professions, de 3
jusqu'à 5 francs selon aptitude. Quant aux manœuvres, leur journée est de 2 francs en été et de
1 fr. 20 en hiver. Les tailleurs et cordonniers tra-
vaillent à la tâche.

Routes. — Les principales routes sont celles construites sous le gouvernement de Midhat-Pacha. Elles
sont au nombre de cinq et partant de Sofia se diri-
gent : 1° vers Tatar-Bazardjik rejoignant la route de
Philippopoli à Constantinople; 2° Sofia-Nich-Belgrade;
3° vers Routschouk par le col d'Arab-Konak ; 4° vers
Salonique par Kustendil; 5° vers le Danube (Echelle
de Lom-Palanka) par le col de Petro-Han ou de
Ghintzi. Ces routes, surtout dans la traversée des
Balkans, ont été améliorées, car du temps de l'occu-
pation turque, elles étaient dans un état déplorable.

Il y a encore quelques routes dans le district de
Routschouk et en ce moment on en crée de nouvelles
qui permettront de voyager dans la Bulgarie en tous
les sens. *(Voir la carte.)*

Banques. — En Bulgarie il n'existe qu'une seule véritable banque, c'est la *Banque Nationale* créée en juin 1879 par décret du prince Dondoukof-Korsakof, au capital de 2 millions de francs en numéraire. Les opérations de cette Banque consistent en : avances sur titres; prêts hypothécaires; avances d'argent sur trois signatures ; ouvertures de crédit, comptes courants ; encaissements et recouvrements.

Le taux d'intérêt de cette Banque est de 7 1/2 0/0.

Les autres Maisons qui s'intitulent Banque, sont plutôt des agences de recouvrements ou des maisons de commerce prêtant sur nantissement et pratiquant l'usure.

La *Banque Impériale ottomane* possède une agence à Sofia, la maison Pesaro frères.

Maisons de commissions.

Sofia : Pesaro frères ; Kalipof et Markof ; Tzénof.

Routschouk : Behar ; Cambourof et Mintchoff ; Lévi ; Topschi-Oglou.

Widin : Elia, Kappon, Pimkos.

Lom-Palanka : Isaac Léon ; Saraf-Oglou, Kappon.

Sistova : A. Karakachef ; Ivanof ; Hadgi-Dimitri ; Pachamko ; Popoff, Stanchioglou Joanni.

Tirnova : Karaghiazoglou Stephan ; Stancho, Hadgi-Stamakoff.

Varna : Cambon frères ; Darli-Siégrist et Herzog Piti Camburi et Cⁱᵉ ; G. Vatrina et Cⁱᵉ.

Silistrie : Ivanista Taouchan ; Radi Théodorof et fils.

Baltchik : J. Bonal ; Tedeschi et Cⁱᵉ.

Chemins de fer. — Une seule ligne, celle de Routschouk-Varna (225 kil.), est depuis longtemps en exploitation. Elle appartenait à une Compagnie anglaise et vient, par un vote de l'Assemblée bulgare et en conformité du traité de Berlin, d'être rachetée pour une somme de près de cinquante millions. C'est une victoire pour l'Angleterre, car au dire de personnes compétentes et par ce que nous avons jugé nous-même, cette ligne ne vaut pas 35 millions.

La ligne Vakarel (frontière rouméliote) à Tzaribrod (frontière serbe), d'une longueur de 113 kil., est en ce moment en construction. Cette ligne raccordera le réseau ottoman au réseau serbe, c'est-à-dire au réseau européen. Elle sera *probablement achevée en 1887.*

C'est une Compagnie bulgare qui l'a entreprise et qui, nous tenons à le dire en passant, n'admet aucun étranger comme adjudicataire. L'Assemblée nationale vient, dans sa session de juillet, de voter un crédit pour étudier les lignes de Sofia-Kustendil (frontière de Macédoine); de Sofia au Danube avec raccordement sur Varna-Routschouk ; de Yamboli à Bourgas (mer Noire). L'exécution de ces lignes complétera le réseau bulgare. *(Voir la carte.)*

VII

MOUVEMENT COMMERCIAL

Les transactions commerciales avec la Bulgarie s'opèrent par les ports de la mer Noire, qui sont Varna et Baltchick, et par les Echelles du Danube, dont les principales sont : Routschouk, Silistrie, Toutroukan, Sistova, Nikopoli, Rahova, Lom-Palanka et Widine.

En 1885, il a été importé en Bulgarie 77,427,698 kilogrammes de marchandises, représentant une valeur de 41,563,505 francs, et il a été exporté 239,904,127 kilogrammes de produits, en grande partie bruts, d'une valeur de 34,221,984 francs.

Port de Varna. — Pendant l'année 1885, les entrées et sorties du port de Varna ont été de 306 vapeurs, jaugeant 338,779 tonnes. Ces navires se répartissent ainsi par nationalités : Autrichiens, 105. — Russes, 105. — Anglais, 56. — Français, 29. — Belges, 4. — Hellènes, 3. — Italiens, 2. — Allemands, 2. — La différence en faveur de l'année 1885 est de 59,925 tonnes en plus.

En outre, 116 voiliers, jaugeant 18,261 tonnes, avec une augmentation de 3,552 tonnes sur l'année précédente, sont entrés et sortis de Varna.

Comme tonnage, l'Autriche tient le premier rang, grâce aux navires de la Compagnie autrichienne le *Lloyd*, qui font le service postal hebdomadaire entre Constantinople et Varna.

Les relations de la France avec la Bulgarie n'ont jamais été bien développées ; cependant sous le régime turc elles avaient encore une certaine importance, par suite du service régulier des Messageries maritimes ; la suppression momentanée de ce service a entravé notre expansion de ce côté ; heureusement, la Compagnie a rétabli en 1885 le service entre Constantinople et Varna deux fois par mois ; il s'en est suivi un mouvement d'affaires avec la France assez important, quoique nos marchandises subissent un transbordement à Constantinople sur les navires des Messageries qui font spécialement le service de la mer Noire.

Pendant l'année 1885, les importations dans le port de Varna se sont élevées à 15,897,297 francs, et les exportations du même port à 15,732,246 francs.

Importations (port de Varna). — Celles-ci comprennent principalement :

Alcools. . . . . Fr.	250.500
Allumettes	35.865
Bois travaillés	7.132
Bougies	29.377
Cafés.	230.050
Charbon	84.045
Cirage.	3.588
Coton et fils de coton	432.684
Cotonnades.	5.761.967
Couleurs et vernis.	33.750
Denrées coloniales et conserves	215.820
Fer, acier, cuivre	600.000
Fruits secs, oranges, citrons.	319.400
Fruits verts.	61.700
Huile.	487.082
Légumes frais	26.120
Olives	68.690
Papier.	86.750
Peaux, cuirs, etc.	1.567.230
Pétrole.	275.000
Pierres à bâtir et ciments	16.600
Planches	100.000
Poissons salés	46.235
Produits chimiques	288.420
Quincaillerie	431.315
Riz.	411.000
Savon	230.565
Sel.	78.190
Sucre.	500.000
Tabac, cigares	16.150
Verres et verreries	117.625
Vêtements confectionnés	135.000
Vins, liqueurs, bières	462.250
Marchandises diverses.	2.680.000

Les alcools et les pétroles viennent de Russie ; les allumettes de l'Autriche ; les bougies sont belges de 1 fr. 40 à 1 fr. 50 le kilogramme. Les cafés viennent principalement de Londres, puis de Trieste et de Marseille (café du Brésil) de 1 fr. 20 à 1 fr. 30 l'oka (1,285 grammes). Les cirages sont tous français. Les cotons et fils de coton sont pour les deux tiers autrichiens ; le reste anglais.

Les cotonnades, très demandées et très bien vendues, viennent pour les trois quarts d'Angleterre ; pour le reste, de Suisse.

Les denrées coloniales et les conserves sont françaises ; les fruits secs viennent de Turquie et de Grèce ; les fers sont belges, les aciers et les cuivres anglais.

Les huiles viennent de Turquie ; les huiles françaises, d'un prix trop élevé, sont introduites en petite quantité.

Les articles modes sont autrichiens ; la ganterie vient de France ; les olives de Grèce, les papiers d'Autriche.

La parfumerie est allemande, vendue sous étiquette française.

Les cuirs se répartissent ainsi : 60 0/0 de Turquie et de Grèce ; 25 0/0 de France et 15 0/0 d'Italie et de Russie.

La quincaillerie vient de Belgique, d'Autriche, d'Angleterre et de France.

Le riz vient d'Italie et d'Angleterre.

Les soieries sont principalement françaises ; elles sont vendues de 2 à 5 francs le mètre payables à trente jours, tandis que les soies d'Autriche et d'Allemagne, vendues de 1 fr. 50 à 5 francs le mètre, sont payables à six et neuf mois.

Le sucre vient d'Autriche ; cependant la Russie commence à faire à celle-ci une rude concurrence ; les sucres français figurent pour une somme insignifiante. Les verres et verreries viennent de Belgique et d'Autriche ; la France n'expédie que quelques cristaux,

Les vêtements confectionnés sont tous autrichiens ; ils sont vendus bon marché, mais ils sont de qualité inférieure ; la France importe quelques draps légers de fantaisie.

Les vins fins, cognacs et liqueurs sont français ; la bière est importée de Trieste ; mais les nouvelles brasseries de Schoumla et de Routschouk, qui fabriquent une bière excellente, feront disparaître les bières autrichiennes.

On consomme en Bulgarie une assez grande quantité de liquide de provenance allemande et autrichienne ; il est vendu avec étiquette française sous le nom de champagne ; c'est une horrible tisane

En résumé, les provenances étrangères du port de Varna peuvent se résumer ainsi :

Angleterre	40 0/0
Autriche et Allemagne.	18 0/0
Turquie	12 0/0
Russie.	10 0/0
France	6 0/0
Belgique	4 0/0
Suisse	4 0/0
Italie.	3 0/0
Grèce	2 0/0
Divers	1 0/0

Exportations (port de Varna). — Nous avons déjà dit que les exportations se sont élevées en 1885

au chiffre de 15,732,246 francs. Les marchandises exportées consistent principalement en céréales par navires anglais, grecs, autrichiens, russes et quelques rares français, cornes, fromages, beurre, œufs, moutons, bétail, peaux diverses, poules, tabac, tissus, vins.

Les ports de Baltchik et de Kavarna, situés près de Varna, qui exportent les provenances de la Dobroudja bulgare, ont, en 1885, exporté :

Baltchik : 2,600,000 francs de blés et 800,000 francs d'orges.

Kavarna : 100,000 francs de blés et 300,000 francs d'orges.

Ports danubiens de Routschouk, Silistrie, Sistova et Nikopolis. — Nous n'avons pu obtenir, à cause de l'effervescence qui règne en ce moment en Bulgarie, des statistiques commerciales des échelles bulgares sur le Danube, nous croyons bien faire cependant en donnant, pour l'année 1884, l'ensemble du mouvement commercial des quatre ports cités plus haut, que nous extrayons d'un rapport de M. Degrand, vice-consul de France à Routschouk, inséré au *Moniteur officiel du commerce.*

Le mouvement général du commerce des quatre échelles s'est élevé, pendant l'année 1884, à la somme de 46,317,131 francs ; celui de l'année précédente n'était que de 36,965,241 francs ; le chiffre des échanges de l'année 1884 a donc été de 9,351,890 francs supérieur à celui de l'année 1883.

Dans ce chiffre de 46,317,131 francs l'importation ne figure que pour 14,823,541 francs alors qu'en 1883 la valeur des produits, envoyés de l'étranger, atteignait le chiffre de 27,848,148 francs.

Les provenances de l'importation pendant l'année 1884 peuvent se répartir comme suit :

	1884
Autriche-Hongrie	4.400 000
Grande-Bretagne	3.800.000
Roumanie	2.700.000
Allemagne	2.300.000
Russie	1.400.000
Turquie	—
Grèce	—

L'Autriche-Hongrie continue à figurer en première ligne et, selon toutes probabilités, occupera toujours le premier rang parmi les pays chargés d'approvisionner la Bulgarie ; sa proximité, le bon marché de sa production, le bas prix des transports par eau, la fidélité, enfin, d'une clientèle qu'elle sert depuis de longues années et aux goûts de laquelle elle sait se prêter, sont autant de causes qui contribuent au maintient de sa prépondérance.

L'Allemagne a vu s'accroître légèrement le chiffre de son trafic dans ces contrées ; enfin, la Russie, se dégageant des *Divers*, où elle était encore comprise en 1883, figure en 1884 pour 7 0/0 dans la répartition. Ses cotonnades, le pétrole et les alcools lui ont permis de sortir de l'inconnu et de prendre rang, au détriment de l'Allemagne et de l'Autriche-Hongrie, en les contraignant à lui céder une petite place sur le marché bulgare.

Importation	1884	1883
Cotons et fils de coton. . . . . . Fr.	420.008	1.484.209
Tissus de coton imprimés	806.282	1.158.300
Bois de chauffage, coke, charbon de terre.	340.000	521.327
Ciment, chaux, marbre, briques . .	228.003	98.972
Riz, épices, denrées coloniales . . .	1.889.629	1.718 031
Fer brut et ouvré, tôle, acier, cuivre	849.269	2.517.645
Chanvre, étoupes, cordages	106.002	123.011
Graisse, huile, résine	282.008	258.538
Peaux sèches et salées.	987.702	1.561.395
Porcelaine, faïence, verrerie. . . .	208.996	320.848
Bois de construction, merrains, caisses	67.800	1.095.989
Bougies et savons	482.039	126.546
Quincailleries.	188.966	105.087
Cuirs et chaussures.	308.305	577.625
Lin et tissus de lin	6.083	36.400
Meubles, pianos, instruments de musique.	399.396	746.390
Machines et instruments agricoles .	87.042	318.924
Conserves, farines, comestibles. . .	698.788	1.270.448
Pétrole.	290.939	269.844
Sel	195	52.475
Papeterie	462.038	282.538
Draps, lainages, confections, fez . .	230.956	392.688
Alcools, vins, bière	1.266.030	512.100
Sucre, confiserie	1.457.145`	1.234.615
Voitures	15.208	63.070
Allumettes	100.945	210.613
Produits chimiques et pharmaceutiques, drogueries	2.108.900	10.310.718
Soieries	15.884	»
Divers	518.933	580.002
Totaux	14.823.541	27.848.148

La grande quantité de marchandises importées en 1883, ne correspondait pas aux besoins de la population ; aussi la difficulté qu'on éprouvait à s'en défaire a-t-elle ralenti les ordres ; c'est à cette cause qu'il y a lieu d'attribuer cette diminution considérable, car pendant de longues années encore le pays sera tributaire de l'étranger pour tous les produits compris dans le tableau ci-dessus, et le besoin s'en fera de plus en plus sentir, à mesure que la civilisation pénétrera dans l'intérieur du pays. On peut en trouver la preuve dans l'examen des articles dont, malgré l'énorme stock signalé, la consommation s'est accrue. Quels sont-ils? le ciment, les briques, le marbre, les denrées coloniales, la graisse, les huiles, les bougies, les savons, la quincaillerie, le pétrole, les spiritueux, le sucre, les soieries même, autant de produits dénotant une tendance au luxe.

Exportation.	1884 — francs	1883 — francs
Déchets et chiffons	12.195	62.987
Blé, orge, avoine, mill t maïs. . .	30.921.968	7.102.372
Peaux	172.917	320.103
Suifs, graisse.	81.468	9.902
Sumac et tan.	149.176	21.289
Comestibles, fruits, farines	248.664	990.440
Laines (Divers).	7.292	610.000
Totaux.	31.593.590	9.117.093

L'exportation a atteint en 1884, pour ces quatre échelles, un chiffre environ quatre fois plus élevé que celui de la précédente année, et, sous ce rapport, la jeune principauté ne saurait se plaindre : 31,593,590 francs à l'exportation, alors que le montant de son importation n'a été que de : 14,823,541 francs, lui constitue, dans la balance de son commerce, un crédit plein de promesses.

La grande différence qui existe entre le chiffre des importations et des exportations témoigne combien le peuple bulgare consomme encore peu les produits de l'étranger ; c'est, sous ce rapport, un pays très neuf ; cependant l'époque n'est pas éloignée où les besoins augmenteront. Ses enfants, qu'il envoie à l'étranger, et pour l'instruction desquels il fait de réels et touchants sacrifices, en reviendront avec des habitudes de bien-être et même de luxe, que leurs parents n'ont pas ressenties ; il y a donc encore un certain avenir promis, dans ces contrées, à l'importation ; il est regrettable, sous ce rapport, de ne pas pouvoir enregistrer des tentatives sérieusement faites par notre commerce pour prendre rang sur le marché bulgare.

Habitudes commerciales. — Les Bulgares sous la domination ottomane se limitaient à cultiver la terre et à vendre les produits aux négociants grecs et juifs qui les expédiaient en Europe.

Ces habitudes n'ont pas disparu tout à fait, l'éducation *commerciale* des Bulgares n'a pu se faire encore depuis leur émancipation qui est trop récente. Mais il existe une tendance très marquée parmi eux à se passer des intermédiaires, qui réalisaient à leurs dépens des bénéfices considérables ; ils commencent à connaître le prix réel de leurs produits et ils ont constaté facilement la différence énorme dans les prix offerts par les intermédiaires et ceux que faisaient les étrangers, pour la plupart autrichiens et allemands, qui font les achats directement.

On connaît notre théorie qui consiste à s'adresser directement aux producteurs, il est donc utile que nos compatriotes connaissent le caractère des Bulgares au point de vue commercial.

Précisément parce que c'est encore un peuple primitif, les Bulgares vendent et achètent au comptant ; ce système a des inconvénients, il offre d'un autre côté un avantage immense consistant dans le bon marché. Le Bulgare aime l'argent ; il demande d'abord le double du prix de sa marchandise, mais on l'aura facilement en lui offrant la moitié du prix qu'il demande. Comme il a une vague idée des opérations qui se font sur les principaux marchés européens sur les marchandises similaires aux siennes, on n'a qu'à lui dire que les mêmes produits ont subi une forte baisse et qu'il est par conséquent impossible d'offrir davantage. On doit se quitter là-dessus ; le Bulgare ne tardera pas à venir trouver l'acheteur. Les autres producteurs viendront ensuite faire les mêmes offres sans qu'il soit fait de démarches.

Comme presque tous les paysans possèdent un attelage et un chariot, on doit exiger, avant l'achat des produits, que ceux-ci seront rendus au centre des opérations, que l'on établira sur une échelle du Danube et dans une station de chemin de fer et que c'est après réception et après constatation du poids et de la qualité que le paiement se fera. Le paysan acceptera ces conditions, notamment si un banquier, ou un saraf quelconque qui connaît l'acheteur ou lui est recommandé intervient comme répondant. Il ne faut pas croire cependant que cette formalité soit absolument nécessaire ; on peut parfaitement se passer de l'intervention du banquier ou du saraf si on consent à donner devant le *Kmet* ou maire du village des arrhes au vendeur avant d'opérer le transport des produits achetés.

Les Autrichiens faisant le plus d'affaires avec la Bulgarie, il est bon de savoir que les plus grandes facilités sont accordées par eux aux Bulgares. Les plus courts termes sont de quatre mois. Le plus souvent on vend en compte courant quand les maisons sont solides. Il est vrai qu'une bonne partie de la marchandise est achetée à des commissionnaires de Vienne. Les fabricants tirent habituellement des traites à l'échéance ; comme ils ont affaire aux intermédiaires, ceux-ci les protestent rarement.

VIII

ROUMÉLIE ORIENTALE OU BULGARIE DU SUD

Cette province fait partie des pays bulgares de la péninsule balkanique. Elle a été arbitrairement détachée de la Bulgarie nord par le traité de Berlin pour des motifs politiques, et sous la pression des plénipotentiaires autrichiens, allemands et anglais. Aujourd'hui elle fait partie administrativement de la principauté de Bulgarie.

Au lendemain même du Congrès de Berlin, les Bulgares de la Roumélie étaient considérés, par le gouvernement de Sofia, comme des citoyens ayant les mêmes droits et prérogatives que ceux de la principauté. Les fonctionnaires de la Roumélie venaient occuper des postes administratifs dans la Bulgarie nord et réciproquement.

Le coup d'État du 18 septembre 1885 fut fait en faveur de l'union des deux pays ; la guerre entreprise par le roi de Serbie a été une guerre de protestation contre le nouvel état de choses. Les soldats de la principauté, unis aux milices rouméliotes, vainquirent les Serbes à Slivnitza, Dragoman et Pirot. A partir de ce jour il n'y eut qu'une seule et même administration pour les deux pays et les plénipotentiaires européens réunis en conférence à Constantinople accordèrent au prince Alexandre de Bulgarie l'union personnelle des deux États pour la durée de cinq années. Cette solution n'en est pas une et n'a abouti qu'à rendre la situation plus embrouillée dans les Balkans, fournissant aux puissances intéressées de nombreux motifs d'intervention. En attendant, et c'est ce qu'il nous importe de faire savoir, la Roumélie et la Bulgarie ne font, au point de vue des affaires, qu'un seul et même pays, car il n'y a qu'un seul pouvoir central et c'est celui de Sofia.

Aussi nous bornerons-nous à ne donner, de la Roumélie et de ses habitants, que des indications particulières ; l'ensemble des choses étant absolument le même que celui qui existe en Bulgarie proprement dite.

Politiquement, c'est-à-dire pour la diplomatie, la Roumélie orientale est une province autonome relevant de l'Empire ottoman, régie par un Statut organique (qui n'existe plus), élaboré en 1878 à Philippopoli par une commission européenne.

Le gouverneur est chrétien ; il est désigné par les puissances mais nommé par le Sultan. Il est nommé pour cinq ans.

Le premier gouverneur a été Aleko-Pacha ; le second Gavril Cristovitch-Pacha. Celui-ci a été renversé par une révolution qui a, comme nous l'avons dit, éclaté à Philippopoli le 18 septembre 1885.

Le traité de Berlin avait contraint la Roumélie à payer à la Porte ottomane la somme annuelle de 2,300,000 francs, somme qui a été aussitôt abaissée à 1,800,000 francs, destinée à indemniser en partie les créanciers de la Turquie. Depuis l'union administrative et personnelle, la Roumélie ne paie plus rien à sa suzeraine.

Population. — D'après les derniers recensements ordonnés par le gouvernement bulgare il y aurait en Roumélie une population totale de 815,500 habitants se répartissant ainsi par nationalités ou religions :

Bulgares 573,230 ; Musulmans 174,750 ; Grecs 42.510 ; Israélites 19,520 ; Tziganes 4,170 ; Arméniens 1,300.

Les langues officielles sont la langue bulgare, la langue turque et la langue grecque.

Son revenu annuel s'élevait à près de 20 millions de francs ; ses dépenses, à un chiffre à peu près égal.

Ethnographie, mœurs et coutumes. — Les *Bulgares* qui sont en majorité en Roumélie, diffèrent sous plusieurs côtés des Bulgares de la principauté. Habitant un pays beaucoup plus clément et plus riche, imitant dans de certaines limites leurs concitoyens grecs qui ont su tirer parti des richesses du pays, ils se sont développés beaucoup plus que leurs frères du nord. Ils sont plus aisés et plus instruits qu'eux. La généralité des Bulgares rouméliotes s'adonnent à la culture de la terre où ils excellent ; cependant on trouve parmi eux des commerçants et même quelques industriels importants.

Les *Turcs* sont répandus dans les villes, mais principalement dans les districts qui confinent au territoire d'Andrinople. Ce sont presque tous des *Mouhadjirs*, c'est-à-dire de petits propriétaires. Les musulmans ne pouvant vivre sous des lois égalitaires, n'aspirent qu'à

uitter le pays, après avoir vendu sans trop y perdre
urs propriétés aux Bulgares.

Les *Grecs* occupent des centres bien distincts où
s sont en majorité, sauf dans la ville de Philippopoli.
es localités sont situées sur les bords de la mer Noire,
Bourgas, Missivri, Aïdos, etc., et à Stanimaky, au
d est de Philippopoli. Ils vivent en très mauvaise
telligence avec les Bulgares et ils se détestent réci-
roquement.

Les Grecs possèdent de beaux vignobles dans le
rritoire de Stanimaky, mais ils s'occupent principa-
ment de commerce et de la banque.

Les *Arméniens*, peu nombreux, sont presque tous
mmerçants.

Les *Israélites* font également du commerce et le
ange. Mais il y a parmi eux beaucoup d'ouvriers et
manœuvres. Ils habitent les villes.

Plus de la moitié des marchands de détail de la
oumélie sont juifs.

Les *Tziganes* (1) sont répandus partout; ils sont
aquignons, chaudronniers, vanniers; ce sont des

---

(1) Voir sur les Tziganes, la *Carte commerciale de Thrace* où
nt donnés d'amples détails sur leurs mœurs.

maraudeurs par excellence. Les femmes disent la
bonne aventure.

Divisions administratives. — La Roumélie
forme actuellement six départements divisés en sous-
préfectures ou districts :

Préfecture de Philippopoli ou Plovdiv. — *Sous-Préfectures : * Pa-
pasly, Batak, Stanimaky et Tcheperli.
Préfecture de Tatar-Bazardjik. — *Sous-Préfectures : * Pechtéra,
Ictiman, Panaghiouriste.
Préfecture de Eski-Zagra ou Stara-Zagora. — *Sous-Préfectures : *
Yeni-Zagra ou Nova-Zagora, Karabounar, Kazanlik, Tchirpan et
Karlovo.
Préfecture de Has-Keuy. — *Sous-Préfectures : * Ouzoundja-Ova,
Hermanly, Semidjé.
Préfecture de Slivno. — *Sous-Préfectures : * Yamboli, Kisilagatch,
Kavakly, Kazan ou Kotel.
Préfecture de Bourgas. — *Sous-Préfectures : * Aïdos, Karnabad et
Suzopoli.

Nous avons dit et nous repétons encore : tous le
fonctionnaires de Roumélie relèvent du pouvoir
central de Sofia et administrent d'après les règlements
et lois en vigueur dans la principauté, ou Bulgarie du
nord.

IX

VILLES PRINCIPALES DE LA ROUMÉLIE

Philippopoli (*Plovdiv* en langue bulgare) est située
r un emplacement très pittoresque, entre la chaine
Rhodope et celle des Petits Balkans. La ville est
ie en amphithéâtre sur cinq petites collines grani-
ues qui se trouvent comme par accident au milieu
ne grande plaine arrosée par la Maritza. Elle pos-
e l'archevêché et deux églises bulgares, un arche-
hé et cinq églises grecs, une cathédrale catholique,
gt-cinq mosquées, une église arménienne et trois
agogues, un grand bazar, un jardin public, un
âtre et divers établissements de banque et de com-
rce.

n fabrique à Philippopoli des draps indigènes
elés *abas* et *chaïaks*, des tapis, etc. Relié par un
min de fer avec Constantinople et avec le port de
éaghatch, sur la mer de Marmara, le chef-lieu de

la Roumélie Orientale est le centre le plus important
du commerce de toute l'ancienne Mœsie romaine.

La population de Philippopoli d'après les statistiques bulgares s'éleverait à 33,500 habitants.

Ce chiffre se décompose ainsi :

Bulgares.	16.750
Turcs.	7.140
Grecs.	5.570
Israélites.	2.170
Arméniens.	1.060
Tziganes.	110
Français.	80
Italiens.	150
Russes.	60
Allemands et Autrichiens.	110
Divers.	300
TOTAL.	33.500 h.

Fondée ou restaurée par Philippe II, père d'Alexandre le Grand, la ville de Philippopoli devint rapidement très peuplée ; elle fut ruinée et saccagée par les Goths en 250. Elle forma sous les empereurs latins de Constantinople un duché désigné par les écrivains du temps sous le nom corrompu de *duché de Finépople*. Elle fut presque anéantie en 1818 par un tremblement de terre.

Écoles de Philippopoli. — Il y a dans cette ville une école catholique de garçons dirigée par les pères de l'Assomption et une autre de filles dirigée par les sœurs de Saint-Joseph de l'Apparition.

Neuf écoles bulgares dont une réale, dans cette dernière on enseigne les sciences appliquées et l'on y forme des ingénieurs et des architectes.

Treize écoles grecques dont une normale. Enseignement secondaire et élémentaire pour les garçons et deux autres écoles grecques pour les jeunes filles.

Une école israélite où l'on enseigne le bulgare et l'hébreu.

Banques. — Banque impériale ottomane (succursale). Toutes opérations de banque ; négociations de valeurs et émissions de traites ; lettres de crédit sur toutes les places de l'Europe et d'Asie ; avances sur titres ; garde de titres ; recouvrements d'effets, etc.

Banquiers. — Azlan-Oglou ; A. Kalef ; H. E. Kalef ; J. Kalef et Cie ; D. Gerassi ; Hadgi Kalchoff ; Kirkor ; Mesropovitch.

Ces banquiers comme leurs confrères de Roumélie et de Bulgarie prêtent sur nantissement mais à des taux élevés. Le taux d'intérêt de l'argent est libre dans les deux pays.

Compagnies d'assurances. — La Centrale et la Foncière y ont des représentants.

Commissionnaires. — H. Battu ; T. Catsigra ; O. Hayrabédian ; Stephanoff et Djédleff ; D. Tchoadji ; Vaccaro et Cie.

Kazanlik. — Population : 15,500 habitants. Exporte principalement de l'essence de rose de qualité supérieure, très recherchée en Europe et en Orient.

Ouzoundja-Ova. — Population : 4,500 habitants. Culture de la vigne, beaux pâturages, céréales et tabac. Ville renommée par sa foire très fréquentée.

Slivino. — Population : 20,000 habitants. Grand commerce de laines, étoffes d'*abas* et de tchaïak qui sont de forts tissus de laine ; fabrique d'armes. Vignobles produisant des vins excellents. Fabrique importante de drap militaire, céréales et soie.

Bourgas. — Sur la mer Noire, port de la Roumélie ; population : 3,100 habitants. Exportation de céréales et vins.. Son port est plus sûr que celui de Varna.

Tatar-Bazardjik. — 13,000 habitants. Tête de

ligne de chemin de fer allant à Constantinople et Dédéagatch. Grand commerce de bois de charpente et de chauffage qui vient des forêts de Bellova, situées une trentaine de kilomètres de la ville. Céréales, vignobles, vins excellents.

Nous recommandons les vins de Vichtrina et de environs de Sarambey qui sont excellents et à bon marché.

Stanimaky. — Population : 6,400 habitants, presque tous grecs. Grand commerce de vins avec la Bulgarie et la Roumélie ; distillerie d'alcool, céréales, fruits, raisins secs de table.

Panaghiouriste. — Au milieu de belles vallées très productives, population : 10,600 habitants. Laines, céréales, vins, pommes de terre.

Stara-Zagora ou **Eski-Zagra.** — 17,000 habitants. Ville importante, entourée de vignobles, de prairies et de champs de blé. Fabrication de la soie et essence de rose.

Has-Keuy. — Ville de 5,700 habitants, en majorité turcs. Vignes, céréales, laines, peaux, tabac, fruits frais et secs.

Districts de Kirdjali et de Roupchos (1) — A la suite d'un arrangement intervenu le 1er février 1886 entre la Sublime-Porte et le prince Alexandre de Bulgarie, les deux districts de *Kirdjali* et de *Roupchos*, faisant partie de la Roumélie Orientale, ont été cédés à la Turquie. Les habitants de ces districts, presque tous musulmans-pomaks, c'est-à-dire d'origine bulgare, n'avaient jamais reconnu le pouvoir des autorités bulgares de Roumélie.

Le district de Kirdjali, du nom de la localité principale, est situé au sud de la province, sur la rivière *Arda*. Il renferme une quarantaine de villages, comptant ensemble une population de 15 à 20,000 habitants. Le territoire de Kirdjali est très fertile ; cependant la production principale est le tabac, qui est d'excellente qualité.

Le district de Roupchos, situé également au sud, dans la partie la plus accidentée du Rhodope, renferme une vingtaine de villages, avec une population de 7 à 8,000 habitants, tous musulmans. Ce territoire est couvert de superbes forêts vierges ; l'essence dominante est le sapin.

De l'instruction dans les écoles. — La

(1) M. Vital Cuinet, secrétaire du Conseil d'administration de la Dette publique ottomane, à Constantinople, qui nous a été si utile pour la *Carte commerciale de Thrace*, a bien voulu mettre à notre disposition des documents très intéressants parmi lesquels ceux ayant trait à la rétrocession par la Bulgarie à la Turquie des deux districts de Kirdjali et de Roupchos. Nous remercions M. Cuinet bien sincèrement.

Roumélie orientale n'est pas restée en arrière de la Bulgarie, sous le rapport de l'instruction. Depuis 1878, dans tous les villages on a ouvert des écoles pour l'enseignement primaire, et dans les villes, des lycées et des gymnases pour l'enseignement secondaire et normal.

Ces écoles sont très fréquentées ; à citer les gymnases de Slivino et de Kalofer. Il y a malheureusement en Roumélie un grand antagonisme entre Bulgares et Grecs, cette inimitié est entretenue par le clergé orthodoxe des deux partis. Déjà l'on a eu à réprimer quelques désordres, et il est à craindre que cet antagonisme ne progresse lorsque les visées des Bulgares sur la Macédoine seront plus fortement accusées. Cette division est d'autant plus regrettable que la population grecque de la Roumélie est très intelligente, active, riche, et qu'elle peut aider beaucoup à la prospérité de cette province.

Poids, mesures et monnaies. — Les mesures de capacité et de longueur sont les mêmes qu'en Bulgarie. Pour les monnaies, la Roumélie peut être considérée comme une province turque ; toutes les monnaies y ont cours. (Voir à ce sujet la *Carte commerciale de Thrace*, Constantinople.)

Industries existantes. — De même que pour la Bulgarie, l'industrie rouméliote, si on en excepte la culture du rosier, qui donne lieu à des transactions importantes d'huile de rose, avec l'Europe, dans les villages de Kazanlik, Eskizagra et les environs, puis les vins de Stanimaky qu'on expédie jusqu'en France,

cette industrie, disons-nous, ne dépasse pas les besoins du pays. On y fabrique la ferblanterie, la chaudronnerie, la coutellerie, la quincaillerie et la soie. On fait un grand commerce de peaux et laines. Les céréales surtout, transportées par le chemin de fer à Dédéagatch ou à Constantinople, obligent, au moment de la moisson, la compagnie à ajouter chaque jour un train spécialement affecté à leur transport.

Industries à créer. — Les mêmes qu'en Bulgarie.

Marchandises à importer. — Mêmes procédés de concurrence de la part de l'Allemagne et de l'Autriche et mêmes articles que pour la Bulgarie,

Productions. — .La Roumélie orientale étant placée sous un climat beaucoup plus doux que la Bulgarie, et il faut le reconnaître, ses habitants étant plus avancés, la culture naturellement s'en ressent. Aussi les blés, les maïs, etc., sont-ils plus beaux que ceux de Bulgarie. On cultive le riz, aux environs de Philippopoli, mais pas autant qu'auparavant. Les fruits de Roumélie, expédiés à Sofia, paraissent toujours les premiers sur le marché, et sont de bonne qualité. On cultive aussi en grande culture la pomme de terre, aux environs de Panaghiouriste. La soie vient très bien aussi ; elle est plus chère qu'à Sofia, de même que toutes les autres marchandises d'exportation, telles que peaux et laines, car la Roumélie est plus souvent visitée, grâce au chemin de fer, par les commissionnaires étrangers.

X

PRODUCTIONS ET PRIX DES PRODUITS

A cause des événements politiques qui ont surgi dans ce pays et qui durent depuis plus d'un an, les exportations se sont ralenties. Quoique la récolte ait été bonne partout, les exportations de 1885 ont été réduites de plus des *deux tiers*. Pour avoir une idée assez exacte de la production de la Roumélie, il faut tripler tous les chiffres qui représentent les quantités des produits exportés.

La plupart de ces chiffres sont relevés d'un rapport de M. Boysset, consul de France à Philippopoli.

Exportations. — Le mouvement d'exportation des céréales et des graines de la Roumélie orientale se trouve représenté, en 1885, par les chiffres suivants, inférieurs, nous le répétons, des deux tiers à ceux de l'année 1884.

Blés. . . . . .   420.000 qx à destination   de Constantinople.

Seigle. . . . . ⎫   ⎧ d'Angleterre.
Maïs. . . . . . ⎬ 150.000   —   —   ⎨ d'Allemagne.
Blés. . . . . . ⎭   ⎩ de Belgique.
                                                   de Hollande.

Blés. . . . . . ⎫   ⎧ de France.
Maïs. . . . . . ⎬ 50.000   —   —   ⎨ de Grèce.
                                                 ⎩ d'Italie.

Anis. . . . . . ⎫
Graine de lin. . ⎬ 6.000   —   —   de France.

Les céréales qui ont été le moins exportées sont le maïs, l'orge et le seigle.

Les prix payés sur place par le commerce ont varié : pour les blés, entre 11 fr. et 12 fr. les 100 kilog. suivant qualité ; pour les seigles, entre 7 fr. et 7 fr. 50 les 100 kilog. suivant qualité ; pour le maïs, entre 4 fr. et 6 fr. les 100 kilog. suivant qualité.

Parmi les autres produits les plus importants de la Roumélie figurent : l'essence de roses, les peaux, les laines, les vins, les moutons, les cocons, les tabacs et les bois.

Essence de roses. — La fabrication de l'essence de roses a donné, en 1885, environ 1,375 kilog. représentant une valeur de 1.200.000 fr. Quatre dixièmes de cette quantité ont été exportés en France, trois dixièmes en Angleterre et le surplus en Allemagne et en Autriche. Les districts de Kazanlik, de Karlovo et de Pechtera sont les seuls qui fournissent les roses dont la culture tend à s'accroître en raison des résultats rémunérateurs qu'elle procure aux agriculteurs.

Peaux de chevrettes et de chèvres. — Le pays offre en moyenne chaque année à l'exportation 70 à 80,000 pièces de peaux de chevreaux, désignées sous le nom de *chevrettes balkans* et 10 à 15 mille pièces de peaux de chèvres. Ces peaux sont salées, séchées et envoyées en France. Les peaux de chevreaux valent de 32 à 34 fr. la douzaine franco bord à Dédéagatch et les peaux de chèvres de 140 à 150 fr. les 100 kilog. suivant qualité. Les peaux de chevreaux ou chevrettes pèsent 6 kilog. la douzaine et les peaux de chèvres 22 à 25 kilog. Une partie des peaux de chèvres est aussi tannée sur place, mais l'exportation en a lieu seulement en Autriche, à Linz.

Le commerce des peaux de chevreaux et de chèvres est en décroissance par suite des restrictions que le gouvernement apporte à l'élevage de la chèvre dans certaines parties du pays et notamment dans les contrées montagneuses où se trouvent situées des forêts de l'État.

Peaux d'agneaux. — On en a exporté 180,000 pièces en Allemagne et surtout en Autriche où elles sont très appréciées par la ganterie viennoise. Ces peaux auraient pu certainement convenir au commerce français, si nos industriels leur avaient accordé plus d'attention.

Les prix sur place ont été de 20 à 25 francs la douzaine. .

Peaux de moutons. — Cent à cent cinquante mille pièces sont envoyées chaque année en Autriche après avoir été tannées ici.

Laines. — Les laines ne donnent lieu à aucune exportation. On les emploie dans la province à la fabrication de draps grossiers, appelés *abas*. Les indigènes se servent presque exclusivement de ces draps pour leurs vêtements et en écoulent aussi de grandes quantités en Turquie, principalement en Anatolie. Les abas sont fabriqués par les Pomaks du Rhodope dont les villages ont été récemment rendus à la Turquie. Le droit de 8 0/0 que le gouvernement bulgare perçoit sur les marchandises importées en Roumélie obligera ce produit qui trouvait auparavant son débouché à Philippopoli, à prendre à l'avenir la voie de Serrès, de Salonique ou de Gioumourdjina.

Peaux de lièvres. — Il en a été exporté, en 1885, 6.000 pièces, 4.500 ont été expédiées en France et 1.500 en Autriche. Elles ont été vendues à raison de 4 francs et 4 fr. 50 le kilog.

Moutons. — Par suite des circonstances exceptionnelles que vient de traverser le pays, il n'a été exporté que 40,000 moutons d'une valeur de 6 à 700,000 francs.

Cocons. — La province a obtenu en 1885 environ 100,000 kilogrammes de cocons, dont un tiers a été exporté en France et le reste à Brousse où sont établies de nombreuses filatures qui écoulent leurs produits en France. La Roumélie produisait autrefois une grande quantité de cocons, mais à la suite des maladies qui ont sévi pendant plusieurs années consécutives, la sériciculture a été très négligée. On a introduit dernièrement sur la place des cocons jaunes français qui promettent des résultats satisfaisants et il est probable qu'on donnera à l'avenir en Roumélie plus d'extension à l'élevage des vers à soie.

Tabacs. — C'est principalement dans les districts de Kirdjali que se cultive le tabac. En 1885, la récolte a été inférieure d'un tiers à celle de l'année précédente et peut être évaluée à 258,000 kilogrammes. Les trois quarts des tabacs ont été consommés dans la province et en Bulgarie ; le surplus a été expédié à Malte et en Égypte.

Le Kirdjali ayant été rétrocédé à la Turquie, les tabacs de ce district devront dorénavant, pour éviter les droits de douane, être dirigés à travers la montagne sur Andrinople.

Bois. — La Roumélie est un pays très producteur en bois. Pendant longtemps l'exploitation des forêts a été faite avec si peu de ménagement, qu'on devait craindre que leur destruction ne fût qu'une affaire de temps, mais récemment le gouvernement a pris des mesures sévères pour leur conservation et on peut prédire un long avenir à cette importante branche du commerce rouméliote.

Les essences d'arbres les plus répandues sont : le hêtre et le sapin.

Le chêne est rare : on ne le trouve que dans la partie orientale.

Le hêtre n'est employé que comme bois de chauffage et se consomme dans le pays. Le sapin donne lieu à des transactions importantes : 50 à 60,000 mètres cubes de planches de sapin sont exportés chaque année à Andrinople, à Constantinople et à Smyrne. Le mètre cube vaut sur place environ 32 francs.

Les nombreux cours d'eau qui sillonnent la province aux pieds des monts Rhodope offrent beaucoup de facilités pour l'installation de scieries qui auraient pu donner de grands résultats si elles étaient pourvues d'un matériel perfectionné.

Le commerce des bois s'est trouvé pendant quelque temps arrêté par suite de l'élévation des tarifs de la Compagnie des chemins de fer orientaux et de la concurrence que lui faisaient la Roumanie et Trieste, mais la suppression des droits de douane entre la Bulgarie et la Roumélie, ainsi que les fournitures nécessitées par les travaux de fortification et de casernement entrepris à Andrinople ont donné une nouvelle impulsion à la vente de ces produits.

Vins. — La production annuelle s'élève à environ 150,000 hectolitres d'une valeur de 2,400,000 francs, 60,000 hectolitres sont envoyés en Bulgarie; le reste est consommé sur place ou exporté à l'étranger.

Des négociants allemands et autrichiens ont exporté en 1885, environ 10,000 hectolitres de vin rouméliote en Hongrie et à Hambourg.

Importations. — La dernière statistique, publiée à Philippopoli par la direction des finances de la Roumélie orientale, est afférente à l'année 1883. Elle portait à une somme totale de 400,000 livres turques (9,200,000 francs) le montant des importations de la province pendant cet exercice. Depuis cette époque, le mouvement des affaires a sensiblement diminué par suite de l'émigration des musulmans qui étaient les plus grands consommateurs de produits étrangers et par suite aussi de la crise que traverse le pays. On peut donc, sans tomber dans l'exagération, évaluer à plus de 7 millions de francs le chiffre des marchandises qui ont été introduites dans la Roumélie en 1885.

Part que chaque pays a prise à l'importation durant cette année :

ANGLETERRE :

Droguerie, riz indien, tissus de laine, de coton, de chanvre, cotonnades de toute sorte, fils de laine, marchandises manufacturées de tout genre en laine et en coton, fer en barre, cuivre, machines agricoles. . . . . Fr. 2.500.000

AUTRICHE :

Sucre, droguerie, produits pharmaceutiques, draps, tissus de laine, vêtements confectionnés, faïences, cristaux, acier. porcelaine, papier, verreries, glaces couleurs, encre d'imprimerie, bimbeloterie. . . . 1.400.000

ALLEMAGNE :

Droguerie, produits chimiques et pharmaceutiques, draps, tissus de laine, pelleterie, encre d'imprimerie, quincaillerie, jouets, papier d'emballage, liqueurs, vins. 874.000

A reporter. 4.774.000

Report. 4.774.000

FRANCE :

Café, conserves alimentaires, liqueurs, bougies, cuirs, peaux cirées, parfumerie, quincaillerie, cristaux, encre d'imprimerie. 650.000

ÉTATS-UNIS :

Pétrole. 200.000

ITALIE :

Riz, cuirs. 350.000

RUSSIE :

Alcools, tiges de bottes, pétrole. 250.000

BELGIQUE :

Bougies, quincaillerie, verrerie, glaces, fers, armes. . 200.000

GRÈCE :

Fils de coton, cuirs, huiles, savons. 180.000

SUISSE :

Horlogerie, soieries, cotonnades. 120.000

TURQUIE :

Savon, huile, poissons salés. 180.000

Total. . . . . Fr. 6.904.000

L'Angleterre occupe encore le premier rang, mais sur certains articles, l'Allemagne et l'Autriche, ont commencé à lui faire une concurrence victorieuse. Les Autrichiens, et surtout les Allemands, font de grands efforts pour acclimater leurs produits dans cette province. Leurs commis-voyageurs parcourent la Roumélie et ils s'y créent une clientèle en accordant aux négociants importateurs de nombreuses facilités.

Les marchandises françaises, à cause de leur prix élevé, ont ici peu d'écoulement et ne trouvent de faveur qu'auprès des étrangers et de quelques indigènes qui, ayant vécu en Europe, ont acquis le goût de ces produits. La France n'a exporté en Roumélie en 1885, que des conserves alimentaires, des liqueurs, du café, des bougies, des cuirs, des peaux cirées, de la parfumerie, de la quincaillerie, des cristaux et de l'encre d'imprimerie. Quant aux autres articles qu'elle y envoyait autrefois : le sucre, les drogueries, les produits pharmaceutiques, les tissus de laine, les soieries, les draps, les couleurs, les verres de Paris et la verrerie, ils ont été remplacés par les produits similaires de fabrication autrichienne et allemande qui sont de mauvaise qualité mais se vendent à bas prix.

Les cuirs français ont aussi à soutenir la concurrence des cuirs italiens.

La province importe annuellement en moyenne 10,000 quintaux de riz italien et 6,000 quintaux de riz indien. Cette importation a lieu depuis la création de la Roumélie orientale dont le gouvernement avait interdit la culture du riz.

L'année dernière cette prohibition a été levée et il est à prévoir que le pays, qui en 1878 produisait et au delà le riz nécessaire à sa consommation, ne sera plus à l'avenir et quant à cet article, tributaire de l'étranger.

Les distilleries qui se sont établies récemment en Roumélie ne permettent plus aux alcools autrichiens et russes d'y être importés avec avantage. Il en est encore introduit de faibles quantités, voie de Bourgas, pour la consommation des districts de Yamboli, Slivino et Eski-Zagra, mais la concurrence des alcools indigènes finira par enlever aux alcools russes ce dernier débouché en Roumélie orientale.

Il y a trois ans, la province importait encore d'Amérique tout le pétrole dont elle avait besoin. — Actuellement, c'est le pétrole russe qui est préféré à cause de la modicité de son prix.

Représentation diplomatique et consulaire en Bulgarie et Roumélie. — La France est représentée à Sofia par un consul général et agent diplomatique.

Il y a un vice-consul à Routschouk et un autre à Varna.

En Roumélie, il y a un consul à Philippopoli et un vice-consul à Bourgas.

Douanes et tarifs. — Le traité de Berlin a stipulé pour la Bulgarie un régime douanier autonome, mais identique à celui de la Turquie. A la suite de l'arrangement turco-bulgare du 1er février 1886, au sujet de la Roumélie, le cabinet bulgare se crut autorisé à considérer le territoire rouméliote comme faisant partie intégrante de la principauté et recula, en conséquence, les frontières douanières de celle-ci aux limites sud de la Roumélie.

La Porte Ottomane, quoique ayant fait, au point de vue politique, toutes sortes de concessions au Bulgares et aux Rouméliotes, voulut considérer, au point de vue économique, la Roumélie comme province de l'Empire et continua d'imposer les marchandises qui pénétraient en Roumélie, en transitant par le territoire ottoman, du droit de 8 0/0 à l'entrée et de 2 0/0 à la sortie. D'un autre côté, le cabinet bulgare imposait les mêmes tarifs à l'entrée et à la sortie de la Roumélie. Ce double droit atteignait particulièrement les produits français et indigènes à destination de la France, obligés de passer par les ports ottomans.

Grâce à l'énergique protestation de M. de Freycinet, ministre des affaires étrangères, qui intervint fort à propos pour réparer la faute commise par notre ambassadeur lors de l'arrangement du 1er février, car c'est à ce moment qu'il fallait prévoir les difficultés qui ont surgi plus tard, le gouvernement bulgare consentit à laisser pénétrer en fanchise, en Roumélie, les marchandises fançaises qui avaient acquitté les droits au fisc ottoman, sans exiger la formalité des *teskéré* ou passavant.

XI

CONSEILS AUX NÉGOCIANTS FRANÇAIS

Les transactions commerciales avec les pays bulgares se sont accrues depuis leur émancipation; quoique sobres et économes, les Bulgares se plient assez facilement aux exigences de la civilisation européenne; mais pour profiter de la situation, c'est-à-dire pour tirer parti des besoins qui grandissent de jour en jour parmi les Bulgares il est nécessaire de connaître leurs goûts et de s'y adapter.

Nous avons déjà dit que les Slaves des Balkans étaient encore primitifs et économes, il s'ensuit naturellement que les marchandises qui sont susceptibles de leur être vendues doivent coûter relativement peu et avoir une certaine apparence. En effet, n'étant pas habitués à se servir des produits des différents pays d'Europe, ils n'ont pas acquis l'expérience nécessaire pour distinguer le bon du mauvais qui leur permettrait de mettre le prix à une bonne marchandise.

Il y a un certain nombre d'articles français qui, pourraient donner lieu, en Bulgarie et en Roumélie, à des transactions de quelque importance ; ces articles sont les suivants : Soieries, passementeries ; parfumeries, peignes ; confiserie ; tabatières en métal et en papier mâché, etc., pour tabac à fumer ; fleurs artificielles ordinaires ; cuirs, chaussures ; toile ; bas ; boutons ; laine ; amidon ; sucre ; chapeaux ; velours ; cachemires ; indiennes ; chemises confectionnées ; mouchoirs ; articles d'imprimerie, de librairie, de papeterie ; papier à écrire et à cigarettes ; vins et liqueurs (en petite quantité) ; clouterie, serrurerie ; draps et casimirs ; jouets d'enfants ; instruments aratoires et machines.

Les commerçants bulgares, bien qu'étant depuis de longues années en relations soit avec des maisons d'Autriche-Hongrie ou d'Allemagne, soit avec des maisons de Constantinople ou de Galatz pour les articles français, seraient certainement désireux de s'adresser directement à la maison de production en France ; seulement, nos producteurs, tout en cherchant avec activité à se créer des débouchés nouveaux, ne se montrent pas, en général, suffisamment disposés à accepter les usages locaux.

Les négociants étrangers accordent de longs termes pour les remboursements ; d'autre part, ils n'exigent pas que les traites soient payables en Autriche, en Allemagne et en Angleterre. Comment vouloir obliger les commerçants bulgares d'avoir un banquier ou garant en France ? Comment leur demander d'envoyer les fonds en France pour le paiement d'une traite ? Ils peuvent oublier la date de l'échéance, la poste peut ne pas fonctionner, si c'est en hiver, un retard peut se produire dans la remise des fonds et ils seront protestés : c'est impraticable. Nos négociants doivent se soumettre à cette règle que les traites soient payables dans le pays.

Le négociant bulgare qui n'opère pas encore avec de grands capitaux et qui est connu cependant en ville, est prévenu quand la traite arrive ; la plupart du temps, celui qui la lui présente est un de ses amis ; dans le cas où il ne peut tout acquitter, il donne ce qu'il peut et souvent le banquier qui est chargé de l'encaissement lui avance la somme complémentaire, c'est un usage. Quant, dit M. Degrand, vice-consul de France à Routschouk dans un de ses rapports, à l'avis que j'ai lu dernièrement dans une publication commerciale française, et qui était ainsi conçu : « Les acheteurs étrangers, *désireux* d'entrer en relations avec les commerçants ou industriels français, sont avisés que les producteurs français n'expédient directement que contre couverture, sous forme de traite, acceptée en France ou par une maison française, » on peut hardiment dire que, dans ces conditions, il est inutile de songer à entrer en relations avec les commerçants de ce pays. Si les producteurs français sont désireux de se créer des débouchés, ils doivent faire plus de concessions et ne pas perdre de vue que leurs adversaires commerciaux se montrent singulièrement plus souples.

Certainement, toutes les traites ne sont pas payées, malgré les précautions dont on s'entoure, mais on vend en conséquence ; on doit compter sur une perte d'environ 10 0/0 ; néanmoins les négociants autrichiens et allemands recherchent activement les ordres et se montrent satisfaits.

D'autre part, ils ne reculent pas devant l'envoi d'échantillons qu'ils vendent à moitié prix à l'agent auquel ils sont adressés : l'autre moitié, restant due par lui, est retenue, quand il transmet un ordre, sur le montant de la commission qui lui revient.

En résumé, le commerce de l'importation en est encore, sur ce marché, à ses débuts ; si les articles ordinaires qui l'ont alimenté jusqu'à ce jour lui ont été fournis par des pays qui, grâce à la proximité et au bas prix de la main-d'œuvre, défiaient la concurrence, les articles dont le prix plus élevé supporte les frais de transport ne tarderont pas à être demandés ; déjà, cette année, les soieries figurent dans une colonne spéciale au tableau : c'est le signe d'un commencement de luxe qui permet de penser que très prochainement le consommateur demandera des articles de qualité supérieure et pour la fourniture desquels nous pourrions peut-être nous présenter avec quelques chances de succès.

IMPRIMERIE CENTRALE DES CHEMINS DE FER. — IMPRIMERIE CHAIX. — RUE BERGÈRE, 20, PARIS. — 22783-6.

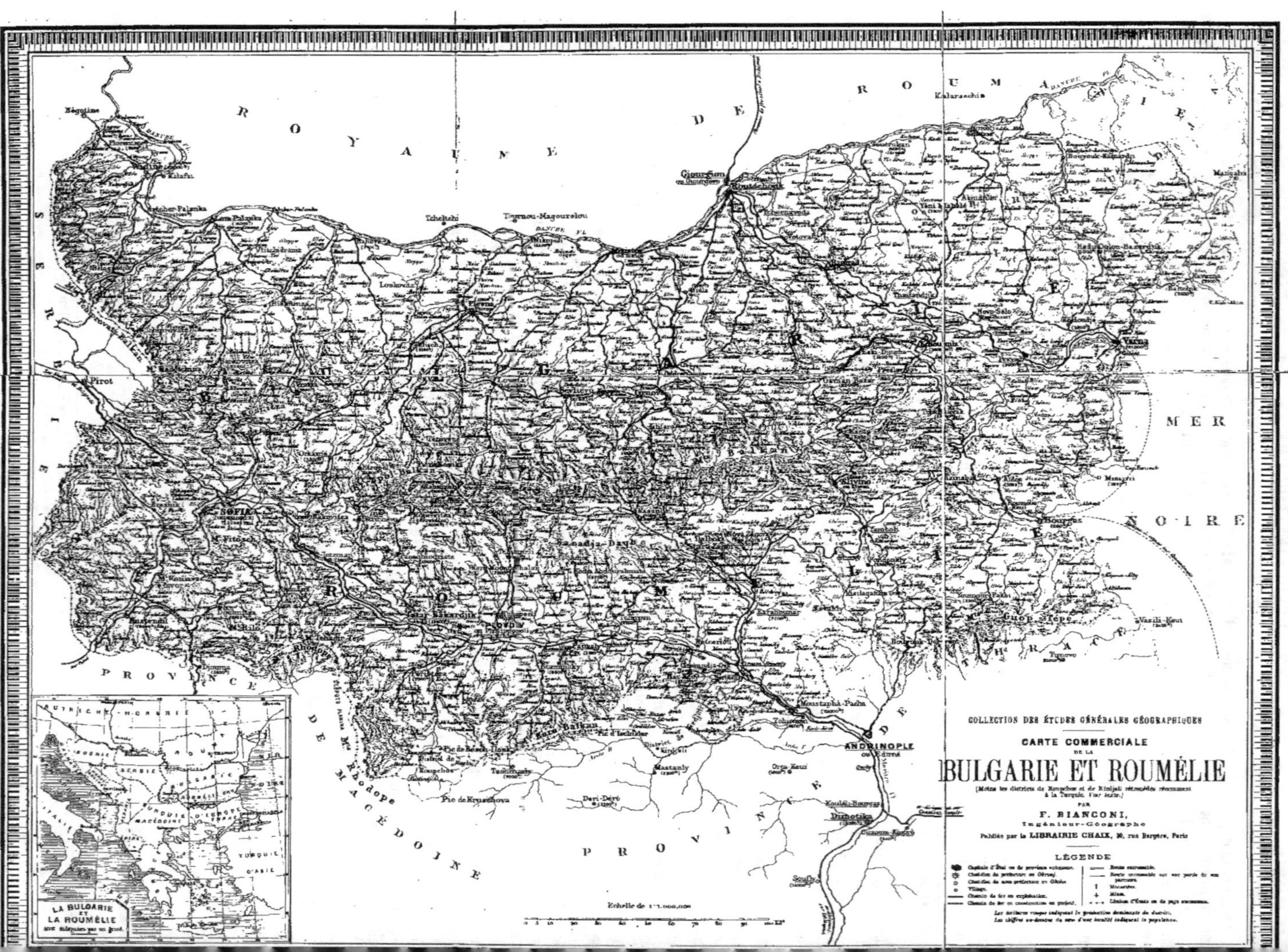

COLLECTION DES ÉTUDES GÉNÉRALES GÉOGRAPHIQUES
CARTE COMMERCIALE
DE LA
BULGARIE ET ROUMÉLIE
(Moins les districts de Roupchos et de Kirdjali rétrocédés récemment à la Turquie. Voir texte.)
PAR
F. BIANCONI,
Ingénieur-Géographe
Publiée par la LIBRAIRIE CHAIX, 20, rue Bergère, Paris
LÉGENDE
Capitale d'État ou de province volosque.
Chef-lieu de préfecture ou Okroug.
Chef-lieu de sous-préfecture ou Okolia.
Village.
Chemin de fer en exploitation.
Chemin de fer en construction ou projeté.
Route carrossable.
Route carrossable sur une partie de son parcours.
Monastère.
Mine.
Limite d'État ou de pays autonome.
Les lettres rouges indiquent la production dominante du district.
Les chiffres au-dessous du nom d'une localité indiquent la population.
Échelle de 1:1.000.000
ROYAUME DE ROUMANIE
SERVIE
MER NOIRE
THRACE
ROUMÉLIE
BULGARIE
PROVINCE DE MACÉDOINE
Négotine
Kalafat
Vidin
Pirot
Sofia
Giourgevo ou Roustchouk
Kalarasch
Varna
Tchelchi
Tirnou-Magourelou
Karabounar
Bourgas
Guop-Tépé
Timovo
Moustaphá-Pacha
Tchiopsan
Andrinople ou Edirné
Orta-Keui
Koulêli-Bourgas
Dimotika
Soufli
Pic de Krouchova
Dari-Déré
Mastanly
LA BULGARIE
ET
LA ROUMÉLIE
sont indiquées par un trait
AUTRICHE-HONGRIE
SERBIE
ITALIE
TURQUIE D'EUROPE
MACÉDOINE

CARTE SPÉCIALE

DES

CHEMINS DE FER DE LA FRANCE

A l'échelle de $\frac{1}{800,000}$ (un centimètre pour huit kilomètres)

COMPRENANT LES PLANS DE PARIS, DE LILLE, DE BORDEAUX, DE LYON, DE MARSEILLE ET DE LEURS ENVIRONS

Et les Cartes de l'Algérie et des Colonies françaises possédant des Chemins de fer

IMPRIMÉE EN DEUX COULEURS SUR QUATRE FEUILLES GRAND-MONDE

AVEC UN COLORIS SPÉCIAL POUR CHAQUE RÉSEAU

Dressée d'après les documents officiels les plus récents, émanés du Ministère des Travaux publics et des Compagnies des chemins de fer, cette carte comprend les renseignements suivants :

1° **CHEMINS DE FER :** — Tracé de toutes les lignes en exploitation, en construction ou à construire ;
Une liste annexée à la carte donne la nomenclature des lignes à double voie ;

2° **UN COLORIS SPÉCIAL** pour chaque réseau indique la division des lignes entre les différentes Compagnies, telle que l'ont déterminée les dernières conventions votées par les Chambres ;

3° Le nom et l'emplacement de toutes les stations ;

4° **EN DEHORS DES VOIES FERRÉES :** — Les chefs-lieux de département, d'arrondissement et de canton ; — les autres localités de 1,000 habitants et au-dessus, d'après le recensement de 1881 ; les bains de mer, les stations thermales et, en général, toutes les localités desservies par les correspondances des chemins de fer ; — le point culminant de chaque département ; — les points principaux des grandes chaînes de montagnes avec l'indication des altitudes ;

5° **HYDROGRAPHIE :** — Les cours d'eau y sont dénommés en aussi grand nombre que sur la carte de l'État-major au 1/320,000° avec l'indication des points où commence la navigation fluviale et maritime. Imprimés en bleu, ils se détachent clairement des tracés des chemins de fer ;

6° **CARTES ET PLANS** contenus dans des cartouches :
Paris et ses Environs, rayon 20 kilomètres au 1/120,000° ;
Lyon   idem   rayon 6 kilomètres au 1/40,000° ;
Marseille   idem   idem   idem
Bordeaux   idem   idem   idem
Lille   idem   idem   idem
Corse, au 1/800,000° ; Algérie, au 1/3,000,000° ; Sénégal, au 1/6,500,000° ; île de la Réunion, au 1/600,000° ; Pondichéry et Karikal, au 1/1,000,000° ; Cochinchine, au 1/3,000,000° ;

7° **PAYS LIMITROPHES :** — La Belgique et la Suisse tout entières ; l'Allemagne, jusques et y compris Cassel, Wurzbourg et Stuttgard ; — la haute Italie, y compris Milan et Gênes. — Pour cette partie étrangère, comme pour la France, la carte indique les lignes de chemins de fer ainsi que **toutes les stations.**

Cette carte, de 2 mètres 15 c. de largeur sur 1 mètre 55 c. de hauteur, constitue le document le plus exact et le plus complet qui ait été publié sur les chemins de fer de la France et des colonies.

PRIX DE LA CARTE ET DE SON ANNEXE

En quatre feuilles détachées *in-plano.* . . . . non entoilées : **22** francs — sur toile : **30** francs.
En quatre feuilles pliées dans un étui (0^m27 sur 0^m26) . . . .   **24** francs —   —   **32** francs.
En quatre feuilles assemblées, collées sur toile, avec gorge et rouleau, non vernies : **34** francs — vernies : **36** francs.
Frais de port dans les départements : 1 fr. 50. — Corse et Algérie : 6 francs. — Étranger, suivant la distance.

EN VENTE A LA MÊME LIBRAIRIE

CARTE SPÉCIALE DES CHEMINS DE FER DE L'EUROPE

A L'ÉCHELLE DE $\frac{1}{2,400,000}$ (UN CENTIMÈTRE POUR 24 KILOMÈTRES), IMPRIMÉE EN DEUX COULEURS SUR QUATRE FEUILLES GRAND-MONDE
LARGEUR TOTALE : 2 MÈTRES 15 C., HAUTEUR : 1 MÈTRE 55 C.
MÊMES DIMENSIONS QUE LA CARTE DE FRANCE CI-DESSUS DÉCRITE ET DONT ELLE FORME LE PENDANT

Cette carte, dont la première édition a figuré à l'Exposition universelle de 1878, a été dressée d'après les meilleurs documents. Elle comprend le tracé de toutes les voies ferrées actuellement en exploitation ou en construction, et la multiplicité des lignes ne nuit pas à sa clarté.

Le nom de toutes les stations n'a pu, bien entendu, y trouver place ; mais on y a mentionné les capitales d'États, les villes étrangères assimilées à nos chefs-lieux de département et d'arrondissement, tous les points d'embranchement, enfin les gares *terminus.* La partie hydrographique est imprimée en bleu, en sorte que les mers, les fleuves, les rivières, les canaux et les lacs se détachent clairement des tracés des chemins de fer.

Plus de cinq cents administrations se partagent le réseau de cent soixante-dix mille kilomètres de chemins de fer qui sillonnent le territoire européen, et le public a intérêt à connaître, surtout au point de vue des transports, les limites respectives de ces nombreux domaines. Ces renseignements lui sont fournis au moyen d'un volume annexe, contenant une **nomenclature de toutes les Compagnies et des lignes exploitées** par chacune d'elles, avec l'indication des **longueurs kilométriques et du siège social.**

Cette carte et son annexe constituent les documents les plus complets et les plus exacts qui aient été publiés sur l'ensemble des tracés des voies ferrées de l'Europe.

MÊMES PRIX QUE CEUX DE LA CARTE DE FRANCE

Adresser les demandes à la Librairie **CHAIX**, *rue Bergère, 20, à Paris, en y joignant le montant en un mandat sur la poste ou un chèque sur Paris.*

CARTES COMMERCIALES
AVEC TEXTE

NOMENCLATURE

		cartes			Numéros d'ordre
ORIENT					
1re Série.	TURQUIE D'EUROPE	3 cartes.	Macédoine, par F. Bianconi	(Publiée)	1
			Albanie et Épire d°	d°	2
			Thrace (Roumélie turque) d°	d°	3
—	SERBIE	1 —	Par F. Bianconi	d°	4
—	BULGARIE et ROUMÉLIE ORIENTALE	1 —	Par F. Bianconi	d°	5
—	BOSNIE, HERZÉGOVINE et MONTÉNÉGRO	1 —		(En préparation)	6
—	GRÈCE CONTINENTALE	1 —		d°	7
—	ROUMANIE	1 —		d°	8
2me Série.	TURQUIE D'ASIE	4 —	Partie Nord de l'Asie Mineure	d°	1
			— Ouest —	d°	2
			— Sud —	d°	3
			Syrie et Liban	d°	4
—	PERSE	1 —		d°	5
—	RUSSIE (région du Caucase)	1 —		d°	6
EXTRÊME ORIENT					
3me Série.	TONKIN	1 —	Par F. Bianconi	(Publiée)	1
—	COCHINCHINE et CAMBODGE	1 —		(En préparation)	2
—	ANNAM	1 —		d°	3
—	ILES DE LA SONDE	1 —		—	4
—	ILES MOLUQUES	1 —		—	5
—	ILES PHILIPPINES	1 —		—	6
—	JAPON	1 —		—	7
—	CHINE (Ports ouverts au commerce)	1 —		—	8
—	NOUVELLE-CALÉDONIE, TAITI, etc.	1 —		—	9
AFRIQUE					
4me Série.	BASSE-ÉGYPTE	1 —		—	1
—	HAUTE-ÉGYPTE	1 —		—	2
—	TRIPOLITAINE	1 —		—	3
—	TUNISIE	1 —		(En préparation)	4
—	ALGÉRIE	3 —	Province d'Alger	—	5
			— d'Oran	—	6
			— de Constantine	—	7
—	MAROC	1 —		—	8
5me Série.	ABYSSINIE et CHOA	1 —		—	1
—	ZANZIBAR	1 —		—	2
—	MADAGASCAR, ILE DE LA RÉUNION, SAINTE-MARIE, NOSSI-BÉ, etc.	1 —		—	3
—	LE CAP, TRANSVAAL et ORANGE	1 —		—	4
—	CONGO et GABON	1 —		—	5
—	SÉNÉGAL	1 —		—	6
AMÉRIQUE					
6me Série.	URUGUAY	1 —	Par F. Bianconi et A. Potel	(Publiée)	1
—	CONFÉDÉRATION ARGENTINE	1 —	Par F. Bianconi et E. Broc	d°	2
—	CHILI	1 —		—	3
—	BOLIVIE et PÉROU	1 —		(En préparation)	4
—	BRÉSIL	1 —	Partie Nord, par F. Bianconi et A. Marc	(Publiée)	5
			— Sud	(En préparation)	6
—	GUYANE FRANÇAISE	1 —		d°	7
—	VÉNÉZUELA	1 —		d°	8
—	COLOMBIE et ÉQUATEUR	1 —		d°	9
7me Série.	SAN-SALVADOR, NICARAGUA, HONDURAS, GUATEMALA	1 —		—	1
—	GUADELOUPE, MARTINIQUE	1 —		—	2
—	MEXIQUE	2 —	Côté de l'Atlantique	—	3
			— du Pacifique	—	4
—	CUBA, HAITI ET SAINT-DOMINGUE	1 —		—	5
—	CANADA	1 —		(En préparation)	6